अख़्तर शीरानी

लोकप्रिय शायर और उनकी शायरी

अख़्तर शीरानी

संपादक : प्रकाश पंडित
सह-संपादक : सुरेश सलिल

अख़्तर शीरानी की जीवनी और उनकी बेहतरीन
नज़्में, ग़ज़लें, फुटकर शे'र और सॉनेट

राजपाल

ISBN : 9789386534064

संस्करण : 2017 © राजपाल एण्ड सन्ज़

AKHTAR SHIRANI (Life-Sketch & Poetry)
Editor : Prakash Pandit Associate Editor : Suresh Salil

राजपाल एण्ड सन्ज़

1590, मदरसा रोड, कश्मीरी गेट, दिल्ली–110006
फ़ोन : 011–23869812, 23865483, फैक्स : 011–23867791
e-mail : sales@rajpalpublishing.com
www.rajpalpublishing.com
www.facebook.com/rajpalandsons

क्रम

ग़रज़ 'अख़्तर' की सारी ज़िन्दगी का ये खुलासा है
कि फूलों की कहानी कहिये, शोलों का बयाँ लिखिये

जीवनी

क, ख या ग नाम का कोई लड़का जवान होता है और, जैसा कि किसी ने कहा है ''जवानी में प्रत्येक व्यक्ति प्रेमी होता है या स्वयं को प्रेमी समझ लेता है।'' क, ख या ग नाम का वह व्यक्ति एक लड़की से प्रेम करता है, फिर उनकी मुलाक़ातें होती हैं। दोनों एक-दूसरे से कुछ वचन लेते हैं। एक-दूसरे के बिना जीवित न रहने की क़समें खाते हैं; लेकिन, जैसा कि इस देश में हमेशा से होता आया है, दोनों एक-दूसरे से बिछड़ने पर विवश कर दिये जाते हैं। जीवन की धारा बदल जाती है। धीरे-धीरे सब कुछ बदल जाता है; लेकिन एक टीस, एक कसक सदैव बनी रहती है!

यह एक साधारण-सी बात है और हम में से लगभग हर व्यक्ति इस अवस्था या कैफ़ियत में से गुज़रता है; लेकिन यही साधारण-सी बात अप्रत्याशित रूप से असाधारण बन जाती है जब प्रेमी का नाम 'अख़्तर' शीरानी हो।

'अख़्तर' शीरानी का नाम ज़बान पर आते ही 'गेटे' का वह कथन याद आ जाता है जिसमें उस जर्मन दार्शनिक ने प्रेम और वेदना की भावना का ज़िक्र करते हुए कहा था कि प्रेम और वेदना की भावना विश्व की प्रत्येक वस्तु में विद्यमान है लेकिन इसका सजीव रूप नारी है।

जहाँ तक नारी को और उसके कारण प्रेम और वेदना की भावना को अपना काव्य-विषय बनाने का प्रश्न है 'गेटे' के इस सजीव रूप को हम 'वड्र्ज़वर्थ' के यहाँ 'लूसी' के रूप में देखते हैं, 'कीट्स' की कविता में वह 'फ़ैनी ब्रौनी' बनकर हमारे सामने आता है, और उर्दू का सबसे बड़ा रोमांसवादी शायर 'अख़्तर' शीरानी उसे 'सलमा' कहकर पुकारता है।

कुछ समालोचकों की दृष्टि में 'अख़्तर' की 'सलमा' भी 'वड्र्ज़वर्थ'

की 'लूसी' और 'कीट्स' की 'फ़ैनी' की तरह कवि की कल्पित प्रेयसी है—एक पवित्र परछाईं, एक अलौकिक सुन्दरी—क्योंकि 'सलमा' के अतिरिक्त 'अख़्तर' के यहाँ 'रेहाना', 'अज़रा', 'शीरीं', 'शम्सा', 'नसरीं', 'नाहीद' इत्यादि कई नायिकाओं का उल्लेख मिलता है और समान मधुरता और भावुकता के साथ मिलता है ।

'सलमा' की प्रशंसा करते हुए वह कहता है :

बहारे-हुस्न का[1] तू गुञ्चा-ए-शादाब[2] है सलमा !

तुझे फ़ितरत ने अपने दस्ते-रंगीं से[3] संवारा है,
बहिश्ते-रंगो-बू का[4] तू सरापा[5] इक नज़ारा है,

तेरी सूरत सरासर पैकरे-महताब[6] है सलमा,
तेरा जिस्म इक हुजूमे-रेशमो-कमख़्वाब[7] है सलमा

शबिस्ताने-जवानी का[8] तू इक ज़िन्दा सितारा है,
तू इस दुनिया में बहरे-हुस्ने-फ़ितरत का[9] किनारा है
तू इस संसार में इक आस्मानी ख़्वाब है सलमा !

और 'अज़रा' के सम्बन्ध में वह कहता है :

परी-ओ-हूर की तस्वीरे-नाज़नीं 'अज़रा' !

शहीदे-जल्वा-ए-दीदार[10] कर दिया तू ने,
नज़र को महशरे-अनवार[11] कर दिया तू ने,

बहारो-ख़्वाब की तनवीरे-मरमरीं[12] 'अज़रा' !
शराबो-शे'र की तफ़सीरे-दिलनशीं[13] 'अज़रा' !

और 'रेहाना' के बारे में लिखता है :

---

1. सौन्दर्य के वसन्त का 2. पल्लवित कली 3. रंगीन हाथों से 4. रंग और सुगंधि के स्वर्ग का 5. सिर से पैर तक 6. चाँद का प्रतिरूप 7. रेशम और कमख़्वाब का ढेर 8. जवानी के शयनागार का 9. प्रकृति के सौन्दर्य के सागर का 10. दर्शन के जल्वे का शहीद 11. प्रलयक्षेत्र की ज्योति 12. मरमरीं आभा 13. हृदयस्पर्शी व्याख्या

उसे फूलों ने मेरी याद में बेताब देखा है।
सितारों की नज़र ने रात भर बेख़्वाब देखा है॥

वो शम्मए-हुस्न[1] थी पर सूरते-परवाना[2] रहती थी।
यही वादी है वो हमदम[3] जहाँ 'रेहाना' रहती थी॥

लेकिन 'अख़्तर' के एक परम मित्र हकीम नय्यर वास्ती ने अपनी एक पुस्तक 'अख़्तर व सलमा' में बड़े विस्तार से बताया है कि 'सलमा' शायर की कोई कल्पित नायिका नहीं बल्कि इसी संसार की एक सजीव सुन्दरी है जिससे 'शायर' को असीम प्रेम था और स्वयं सलमा भी उसे जी-जान से चाहती थी; लेकिन सामाजिक प्रतिबन्धों के कारण 'सलमा' का विवाह कहीं दूसरी जगह हो गया और शायर ने इस विछोह की पीड़ा का इलाज शराब में ढूंढना चाहा। और वे जो अन्य नायिकाओं या प्रेयसियों के नाम उसकी शायरी में मिलते हैं, वे 'सलमा' के लिए खाई हुई इस क़सम की प्रतिक्रिया थी कि :

अगर मुझे न मिलीं तुम, तुम्हारे सर की क़सम
मैं अपनी सारी जवानी तबाह कर लूंगा

वास्तविकता जो भी हो, इस वास्तविकता से इनकार नहीं किया जा सकता कि 'सलमा' अर्थात् एक नारी 'अख़्तर' की शायरी का कलेवर भी है और आत्मा भी, जिसके प्रेम में शायर के दिल के तारों से ऐसे नग़्मे फूट निकले जो उर्दू की रोमांसवादी शायरी के लिए अन्तिम शब्द बन गये।

'अख़्तर' को जो मैंने उर्दू का सबसे बड़ा रोमांसवादी शायर कहा है, तो मैं समझता हूँ मैंने किसी अतिशयोक्ति से काम नहीं लिया। रोमांसवाद एक बहुत विशाल और उलझी हुई धारणा है और प्रत्येक रोमांसवादी कवि रोमांस के क्षेत्र में रहते हुए भी एक-दूसरे से अलग हो जाता है। कोई प्रेयसी की कल्पना-भर से ही आनन्दित हो जाता है (आगे चलकर उसकी प्रेयसी और परमेश्वर में भेद करना कठिन हो जाता है); कोई उसके शरीर को छूना

---

1. सौन्दर्य का दीपक 2. पतंगे की तरह 3. साथी

बल्कि इस प्रकार भींचना चाहता है कि दोनों एक-दूसरे में विलीन होकर रह जाएँ (यहाँ रोमांस को कामुकता अपने चंगुल में ले लेती है); और कोई रोमांस के नाम पर प्रकृति-पूजक हो जाता है। यही भेद किसी को 'शैले' बनाता है, किसी को 'वड्र्ज़वर्थ', किसी को 'कीट्स' और किसी को 'बायरन'; लेकिन विभिन्न युगों, विभिन्न सामाजिक परिस्थितियों तथा विभिन्न व्यक्तिगत प्रवृत्तियों के होते हुए भी समस्त रोमांसवादी कवियों में बहुत से अंश समान होते हैं, और एक सीमा तक वे एक-सी बातें करते नज़र आते हैं। 'अख़्तर' शीरानी के रोमांसवाद का 'दाग़' देहलवी, 'शाद' अज़ीमाबादी और अज़मत उल्ला 'अज़मत' के रोमांसवाद से घनिष्ठ सम्बन्ध है। इन शायरों ने भी अपने-अपने समय में, अपने विशेष ढंग से, रोमांस की बाँसुरी बजाई। विशेषत: अज़मत उल्ला 'अज़मत' ने जिस प्रकार परम्परागत गज़ल से विद्रोह किया और बहुत-से हिन्दी छन्दों में गीत और रोमांटिक नज़्में लिखीं और उर्दू शायरी को पहली बार सॉनेट (Sonet) से परिचित कराया, उर्दू साहित्य का इतिहास उसके इस उपकार को कभी नहीं भूल सकता। 'अख़्तर' ने अपने इन पूर्वगामियों की इन परम्पराओं को न केवल आगे बढ़ाया है बल्कि उन्हें नई शैली और नये अर्थ पहनाये हैं। अपनी रोमांटिक नज़्मों में वह कुछ ऐसी अचूकता, निडरता और भावुकता के साथ खुलकर सामने आया है कि उर्दू का कोई शायर उसकी गर्द तक को नहीं पहुँचता।

'हाली' ने 'मुक़दमा शे'र-ओ-शायरी' में, जिसकी तुलना हम अंग्रेज़ी साहित्य के 'Lyrical Ballads' के Preface से कर सकते हैं, प्राचीन परम्परागत शायरी के विरुद्ध यथार्थवाद के लिए बहुत-सी गिरहें खोलीं। महबूब के लिए पुल्लिंग (फ़ारसी ग़ज़ल के प्रभाव के कारण उर्दू शायरी में महबूब (प्रेयसी) के लिए पुल्लिंग का प्रयोग होता था) को अस्वाभाविक कहकर उसका खंडन किया; लेकिन अपनी शायरी में स्वयं उन्होंने भी इसका कोई उदाहरण प्रस्तुत नहीं किया (सम्भव है इसका कारण यह रहा हो कि प्रेम और रोमांस इनकी शायरी का क्षेत्र नहीं था)। 'अख़्तर' शीरानी उर्दू का सबसे पहला शायर है जिसने प्रेयसी को प्रेयसी के रूप में देखा अर्थात् उसके लिए स्त्रीलिंग का प्रयोग किया। इतना ही नहीं, उसने बड़े साहस के साथ बार-बार उसका नाम

भी लिया। रूढ़ियों के प्रति इस विद्रोह द्वारा न केवल उर्दू शायरों के दिलों की झिझक दूर हुई और उर्दू शायरी के लिए नयी राहें खुलीं, उर्दू शायरी को एक नयी शैली और नया कोण भी मिला और उर्दू की रोती-बिसूरती शायरी में ताज़गी और रंगीनी आई[1]। और मैं 'अख़्तर' को उर्दू का सबसे बड़ा रोमांसवादी शायर इसलिए भी कहता हूँ कि सम्भवतः आने वाले युग में भी कभी उस जैसा रोमांसवादी शायर पैदा नहीं होगा। 'उस जैसा' से मेरा भाव है केवल रोमांसवादी शायर।

अख़्तर की शायरी केवल यौवन के सौन्दर्य और उसके लालित्य की शायरी है। सुन्दर रंगों और सुन्दर सपनों की शायरी। वह पूरे संसार को अपने विचारों और भावनाओं में रंगा हुआ देखता है। प्रकृति के सौन्दर्य का वर्णन करते हुए उसे अनुभव होता है कि प्रकृति के दृश्य उसकी आंतरिक भावनाओं से प्रभावित हैं। यदि वह उदास है तो ओस में नहाई हुई कलियाँ उसे उदास नज़र आती हैं और यदि वह प्रसन्न है तो मुझाये हुए फूल भी उसे मुस्कुराते नज़र आते हैं। सामाजिक परिस्थितियों से अलग-थलग उसकी शायरी एक ऐसे निश्चिंत तरुण का भावावेग प्रस्तुत करती है, जो अंधे कामदेव के नेतृत्व में केवल सौन्दर्य और प्रेम के राग अलापता है। वह नारी की सुन्दरता पर केवल आसक्त ही नहीं, उसका पुजारी भी है और उसके लिए मर मिटने को अपना सौभाग्य समझता है।

और इसीलिए मैं 'अख़्तर' शीरानी को उर्दू का सबसे बड़ा रोमांसवादी शायर कहता हूँ क्योंकि नारी को और उसके कारण प्रेम और रोमांस को अपना काव्य-विषय बनाने वाले आधुनिक उर्दू-शायर आंतरिक (Subjective)

---

1. प्राचीन उर्दू शायरों को शे'र कहने के लिए केवल एक माशूक़ की आवश्यकता होती थी और यह आवश्यकता तवायफ़ (वेश्या) से अधिक कोई पूरी न कर सकता था। उस तवायफ़ के अनगिनत आशिक़ होते थे। अतएव हर आशिक़ दूसरे आशिक़ को रक़ीब (प्रतिद्वन्द्वी) मानकर रक़ीब और माशूक़ दोनों को कोसता और अपनी विवशता पर आँसू बहाता रहता था। 'अख़्तर' ने अपनी प्रेयसी के चुनाव के लिए कोठों की ओर नहीं, धरती की ओर देखा। अतएव उसे प्रेयसी मिली, उसके पहलू में पत्थर की बजाय दिल था, दिल में कोमल भावनाएँ थीं; जिसे शायर से प्रेम था और जो अपना प्रेम प्रकट भी करती थी। उसके प्रेम में अगर कोई बाधक हुआ तो वह रक़ीब नहीं समाज था।

अनुभूतियों के साथ-साथ बाह्य (Objective) प्रेरणाओं को भी अपने सम्मुख रखते हैं। सामाजिक प्रतिबन्धों से घबराकर संसार से निकल भागने या कोई और संसार बसाने की इच्छा करने की अपेक्षा वे सामाजिक प्रतिबन्धों को तोड़ने और इसी संसार को स्वर्ग-समान बनाने पर उतारू हैं, और साथ ही अंधे कामदेव को भी आँखें प्रदान कर रहे हैं।

उर्दू की रोमांसवादी शायरी का यह बेजोड़ शायर, जिसका असल नाम मोहम्मद दाऊद ख़ाँ था, 4 मई, 1905 ई. को टौंक राज्य में पैदा हुआ। वहीं उर्दू की प्रारम्भिक पुस्तकें अपनी चची से पढ़ीं और फिर मौलवी अहमद ज़मां और मौलवी साबिर अली 'शाकिर' से फ़ारसी का कुछ ज्ञान प्राप्त किया। अख़्तर के कथनानुसार 'शाकिर' साहब के शिष्यत्व-काल से ही उसमें काव्य-अभिरुचि पैदा हो गयी थी। लेकिन 1914 ई. में जब 'अख़्तर' के पिता हाफ़िज़ महमूद ख़ाँ शीरानी इंग्लैंड से वापस आये तो उन्होंने शायरी की बजाय उसे पहलवानी सिखानी शुरू कर दी और इस उद्देश्य के लिए विशेष-रूप से एक पहलवान नौकर रख दिया, जो सुबह शाम 'अख़्तर' की मालिश करके और लंगर-लंगोट कसके उसे अखाड़े में उतरने को ललकारता।

पहलवानी का यह सिलसिला 1920 ई. तक चला। 1920 ई. में जब 'अख़्तर' के पिता ओरियंटल कॉलेज लाहौर में फ़ारसी के प्रोफ़ेसर नियुक्त हुए तो 'अख़्तर' भी उनके साथ लाहौर चला गया। अब पहलवानी के स्थान पर 'अख़्तर' के पिता ने उसकी शिक्षा-दीक्षा पर अधिक ज़ोर देना शुरू किया, लेकिन लाहौर की साहित्यिक बैठकों और काव्य की स्वाभाविक अभिरुचि ने 'अख़्तर' को 'मुन्शी फ़ाज़िल' से आगे नहीं बढ़ने दिया, और अपनी उस छोटी-सी आयु में ही 'अख़्तर' को अपनी नज़्मों पर इतनी प्रशंसा मिली कि भविष्य का यह महान रोमांसवादी शायर घरवालों के कड़े विरोध के बावजूद शिक्षा से विमुख हो शायरी के मैदान में कूद पड़ा।

शायरी के अतिरिक्त, उस ज़माने में कुछ समय तक उसने उर्दू की प्रसिद्ध मासिक पत्रिका 'हुमायूँ' के सम्पादन का काम किया। फिर 1925 ई. में 'इन्तिख़ाब' का सम्पादन किया। 1928 ई. में रिसाला 'खयालिस्तान' निकाला और 1931 ई. में 'रोमान' जारी किया और उसके बाद कुछ समय

तक स्वर्गीय मौलाना ताजवर नजीबाबादी[1] की मासिक पत्रिका 'शाहकार' का सम्पादक रहा।

1935 ई. में 'अख़्तर' को हैदराबाद दक्कन की एक साहित्यिक संस्था 'दारुल-तर्जुमा' ने अपने यहाँ एक उच्च पद पर बुलाना चाहा, लेकिन वे दिन 'अख़्तर' की ख्याति और बेतहाशा शराबनोशी के दिन थे। प्रत्यक्ष है कि वह यह पद कैसे स्वीकार करता ? इसी प्रकार जब 'अख़्तर' के पिता इस्लामिया कॉलेज लाहौर की प्रोफ़ेसरी छोड़कर ओरियंटल कॉलेज लाहौर में चले गये और 'अख़्तर' को इस्लामिया कॉलेज में अपने पिता की आसामी पेश की गयी तो उसने यह कहकर इनकार कर दिया कि लड़कों को पढ़ाना मेरे बस का रोग नहीं। निःसंदेह उन दिनों कोई बात भी उसके बस का रोग न थी। फ़्लेमिंग रोड लाहौर के एक मकान में बाहर की सीढ़ियों से मिला हुआ एक छोटा-सा कमरा था और 'अख़्तर' था। लाहौर के शराबख़ाने थे और 'अख़्तर' था। या भटकने को गलियाँ थीं और 'अख़्तर' था। फिर शराबनोशी भी आम शराबियों जैसी न थी। एक बार पीने बैठता तो बस पिये चला जाता। यह सिलसिला निरन्तर पन्द्रह-बीस दिन तक चलता और आश्चर्य की बात यह थी कि इन बीस दिनों में खाने की कोई चीज़ उसके गले से न उतरती थी। इसके बाद किसी तरह दो-चार दिन का नाग़ा होता

---

1. स्वर्गीय मौलाना को अपने शिष्यों की संख्या बढ़ाने का बहुत शौक़ था और 'अख़्तर' को अपनी शराबनोशी के लिए पैसों की सख़्त ज़रूरत थी। 'अख़्तर' के एक मित्र ने मौलाना से सिफ़ारिश की कि 'अख़्तर' को अपनी पत्रिका का सम्पादन-कार्य सौंप दें। मौलाना इस शर्त पर राज़ी हो गए कि यदि 'अख़्तर' अपने आपको उनका शिष्य घोषित कर दे तो वे बड़ी खुशी से उसे 'शाहकार' का सम्पादक बना देंगे। 'अख़्तर' से जब इस बारे में कहा गया तो उसने पूछा :
''तनख़्वाह क्या होगी ?''
''दो सौ रुपये,'' उत्तर मिला।
''कुछ पेशगी देंगे ?''
मौलाना ने तुरन्त सौ रुपये गिन दिये। नोट थामकर 'अख़्तर' ने अपने मित्र से कहा, ''तमाम अख़्बारों में मेरी तरफ़ से ऐलान छपवा दो कि आज से मैं मौलाना का शागिर्द हूँ।'' और यह कहकर शराबख़ाने की राह पकड़ी। (कुछ लोगों का कहना है कि इस बात में कुछ अधिक सच्चाई नहीं है। उनका कहना है कि शुरू-शुरू में 'अख़्तर' ने मौलाना से बाक़ायदा अपने शे'रों पर संशोधन लिया था)।

और वह दौर फिर से शुरू हो जाता[1]। लाहौर में आवारागर्दी और शराबनोशी का यह सिलसिला 1943 ई. तक चला। उसके बाद उसके पिता उसे वापस टौंक ले गये। 1943 ई. से 1947 ई. तक टौंक में उसने ऐसी गुमनामी की ज़िन्दगी गुज़ारी कि मित्रों को उसके पिता को पत्र लिखकर पूछना पड़ा कि 'अख़्तर' को कुछ हो तो नहीं गया?

वहाँ टौंक में तो 'अख़्तर' को कुछ नहीं हुआ, हाँ देश के विभाजन के बाद जब वह पुन: लाहौर पहुँचा तो उसकी विचित्र दशा थी। सुर्ख और श्वेत चेहरा कालख खा गया था। बड़ी-बड़ी काली आँखें भीतर को धंस गयी थीं और पीली पड़ गयी थीं। माँस ने हड्डियाँ छोड़ दी थीं। हाथों में कम्पन था; लेकिन कँपकँपाते हाथों में शराब की बोतल भी थी, जिसे वह दुख़्तरे-गर्दन-दराज़[2] कहा करता था।

'कहा करता था'—मैंने इसलिए कहा क्योंकि अब वह कुछ भी कहने के योग्य नहीं। अपनी रचनाओं के साथ-साथ वह स्वयं भी हमारे लिए स्मृतिमात्र रह गया है। 9 सितम्बर 1948 ई. को उर्दू के इस महान रोमांसवादी शायर ने बड़ी दयनीय दशा में लाहौर के एक अस्पताल में दम तोड़ दिया।

उसकी मृत्यु के बाद, उसके परम मित्र नय्यर वास्ती का कहना है कि जब एक टूटी-फूटी संदूकची को (जो 'अख़्तर' की एकमात्र सम्पत्ति थी) खोला गया तो उसमें से चन्द मुसव्विदों (पाण्डुलिपियों) और हसीनों के चन्द ख़ुतूत (पत्रों) के सिवा कुछ न निकला। मानो 'ग़ालिब' ने अपने लिए नहीं 'अख़्तर' शीरानी के लिए यह शे'र कहा था :

> *चंद तस्वीरे-बुताँ[3], चंद हसीनों के ख़ुतूत*
> *बाद मरने के मेरे घर से ये सामां[4] निकला*

---

1. 'अख़्तर' किसी प्रकार सँभल सके, इस विचार से उसके पिता ने उसका विवाह कर दिया। तीन-चार बच्चे भी हुए, लेकिन 'अख़्तर' को न सँभलना था न सँभला। हितैषी मित्रों की भी एक न चली। 2. लम्बी गर्दन वाली की बेटी 3. सुन्दरियों के चित्र 4. सामान

नज़्में

यह चयन अख़्तर के आठों कविता-संग्रहों 'फूलों के गीत',
'नग़मा-ए-हरम', 'सुबहे-बहार', 'अख़्तरिस्तान', 'लाला-ए-
तूर', 'तयूरे-आवारा', 'शहनाज़' और 'शहरूद' में से स्वतन्त्र
और संक्षिप्त रूप से किया गया है।

ऐ इश्क़ कहीं ले चल

ऐ इश्क़ कहीं ले चल, इस पाप की बस्ती से,
नफ़रत-गहे-आलम[1] से, लानत-गहे-हस्ती[2] से,
इन नफ़्स-परस्तों से[3], इस नफ़्स-परस्ती से,

दूर—और कहीं ले चल,
ऐ इश्क़ कहीं ले चल!

हम प्रेम - पुजारी हैं तू प्रेम - कन्हैया है!
तू प्रेम-कन्हैया है, यह प्रेम की नय्या है,
यह प्रेम की नय्या है, तू इसका खिवैया है,

कुछ फ़िक्र नहीं, ले चल,
ऐ इश्क़ कहीं ले चल!

बे-रहम ज़माने को अब छोड़ रहे हैं हम,
बे-दर्द अज़ीज़ों से मुँह मोड़ रहे हैं हम,
जो आस थी वो भी अब तोड़ रहे हैं हम,

बस ताब[4] नहीं, ले चल,
ऐ इश्क़ कहीं ले चल!

---

1. घृणा से भरे हुए संसार 2. लानत-भरे संसार 3. कामासक्तों से 4. सहन-शक्ति

आपस में छल और धोके संसार की रीतें हैं,
इस पाप की नगरी में उजड़ी-सी परीतें हैं,
याँ न्याय की हारें हैं अन्याय की जीतें हैं,

सुख-चैन नहीं, ले चल,
ऐ इश्क़ कहीं ले चल!

ये दर्द भरी दुनिया बस्ती है गुनाहों की,
दिल चाक[1] उमीदों की, सफ़्फ़ाक[2] निगाहों की,
जुल्मों की, जफ़ाओं की, आहों की, कराहों की,

हैं ग़म से हज़ीं[3], ले चल
ऐ इश्क़ कहीं ले चल!

आँखों में समाई है इक ख़्वाब-नुमा[4] दुनिया,
तारों की तरह रोशन[5], महताब-नुमा[6] दुनिया,
जन्नत की तरह रंगीं, शादाब-नुमा[7] दुनिया,

लिल्लाह[8]! वहीं ले चल,
ऐ इश्क़ कहीं ले चल!

क़ुदरत हो हिमायत पर, हमदर्द हो क़िस्मत भी,
'सलमा' भी हो पहलू में 'सलमा' की मोहब्बत भी,
हर शै से फ़राग़त[9] हो और तेरी इनायत भी,

ऐ तिफ़्ले-हसीं[10] ले चल,
ऐ इश्क़ कहीं ले चल!

---

1. भग्न-हृदय 2. हिंसक 3. खिन्न 4. स्वप्न जैसी 5. चमकदार 6. चाँद जैसी 7. पल्लवित
8. भगवान के लिए 9. निवृत्ति, अवकाश 10. सुन्दर बालक (कामदेव)

ऐ इश्क़ हमें ले चल इक नूर की वादी में
इक ख़्वाब की दुनिया में, इक तूर की[1] वादी में,
हूरों के ख़यालाते-मसरूर की[2] वादी में,

ता-ख़ुल्दे-बरीं[3] ले चल,
ऐ इश्क़ कहीं ले चल!

मग़रिब की हवाओं से आवाज़-सी आती है,
और हमको समुन्दर के उस पार बुलाती है,
शायद कोई तनहाई का देश बताती है,

चल उसके क़रीं ले चल,
ऐ इश्क़ कहीं ले चल!

इक ऐसी फ़ज़ा जिस तक ग़म की न रसाई[4] हो,
दुनिया की हवा जिसमें सदियों से न आई हो,
ऐ इश्क़! जहाँ तू हो और तेरी ख़ुदाई हो,

ऐ इश्क़ वहीं ले चल!
ऐ इश्क़ कहीं ले चल!

इक ऐसी जगह जिसमें इन्सान न बसते हों,
ये मक्रो-जफ़ा-पेशा[5] हैवान[6] न बसते हों,
इन्साँ की क़बा में[7] ये शैतान न बसते हों,

तो ख़ौफ़ नहीं, ले चल,
ऐ इश्क़ कहीं ले चल!

---

1. तूर नामक पहाड़ की (एक परम्परा के अनुसार जहाँ हजरत मूसा ने ख़ुदा से बातें की थीं)
2. प्रफुल्ल कल्पनाओं की 3. जन्नत तक 4. पहुँच 5. अत्याचारी और धोखेबाज़ 6. पशु 7. भेस में

उन चाँद सितारों के बिखरे हुऐ शहरों में,
उन नूर की किरनों में ठहरी हुई लहरों में,
ठहरी हुई लहरों में, सोई हुई नहरों में,

ऐ ख़िज़्रे-हसीं[1], ले चल,
ऐ इश्क़ कहीं ले चल!

इक ऐसी बहिश्त-आईं[2] वादी में पहुँच जायें,
जिसमें कभी दुनिया के ग़म दिल को न तड़पायें,
और जिसकी बहारों में जीने के मज़े आयें,

ले चल तू वहीं ले चल,
ऐ इश्क़ वहीं ले चल!

---

1. सुन्दर पथप्रदर्शक (कामदेव) 2. स्वर्ग-समान

सलमा

बहारे-हुस्न का[1] तू ग़ुञ्चा-ए-शादाब[2] है 'सलमा',

तुझे फ़ितरत ने[3] अपने दस्ते-रंगीं से[4] संवारा है,

बहिश्ते-रंगो-बू का[5] तू सरापा[6] इक नज़ारा है,

तेरी सूरत सरासर पैकरे-महताब[7] है 'सलमा'!

तेरा जिस्म इक हुजूमे-रेशमो-कमख़्वाब[8] है 'सलमा'!

शबिस्ताने-जवानी का[9] तू इक ज़िन्दा सितारा है,

तू इस दुनिया में बहरे-हुस्ने-फ़ितरत का[10] किनारा है,

तू इस संसार में इक आस्मानी ख़्वाब है 'सलमा'!

जहाने - क़ुद्स का[11] तू एक नूरानी फ़साना[12] है,

तुझे 'सलमा' दियारे-नाज़ की[13] इक साहिरा[14] कहिये!

सनम-आबादे-इफ़्फ़त की[15] मुक़द्दस[16] काफ़िरा कहिये!

रबाबे-हुस्न का[17] तू एक इलहामी[18] तराना है!

परिस्ताने-लताफ़त की[19] तू इक रंगीं कहानी है!

जवाँ फ़ितरत का तू इक गुमशुदा[20] ख़्वाबे-जवानी है!

---

1. सौन्दर्य के वसन्त का 2. पल्लवित कली 3. प्रकृति ने 4. रंगीन हाथ से 5. रंग और सुगंधि के स्वर्ग का 6. सिर से पैर तक 7. चाँद का प्रतिरूप 8. रेशम का ढेर 9. जवानी के शयनागार का 10. प्रकृति के सौन्दर्य के सागर का 11. पवित्रता के संसार का 12. आभापूर्ण कहानी 13. नाज़ों-भरे देश (इन्द्रलोक) की 14. मायाविनी 15. सतीत्व के मन्दिर की 16. पवित्र, पुनीत 17. सौन्दर्य की वीणा का 18. दैवी 19. पवित्रता के परिस्तान की 20. खोया हुआ

बस्ती की लड़कियों में

(नज़्म के ग्यारह बन्दों में से सात बन्द)

उस हूरवश[1] के ग़म में दुनिया व दीं[2] गंवा कर,

होशो-हवास खोकर, सब्रो-सुकूँ लुटा कर,

बैठे-बिठाये दिल में ग़म की ख़लिश[3] बसाकर,

हर चीज़ को भुलाकर 'सलमा' से दिल लगाकर,

बस्ती की लड़कियों में बदनाम हो रहा हूँ।

कहती हैं सब ये किसकी तड़पा गई है सूरत,

'सलमा' की शायद इसके मन भा गई है सूरत,

और उसके ग़म में इसकी मुझ्झा गई है सूरत,

मुझ्झा गई है सूरत, कुम्हला गई है सूरत,

संवला गई है सूरत, 'सलमा' से दिल लगाकर,

बस्ती की लड़कियों में बदनाम हो रहा हूँ।

पनघट पे जब कि सारी होती हैं जमअ़ आकर,

गागर को अपनी रखकर घूंघट उठा-उठाकर,

ये क़िस्सा छेड़ती हैं मुझको बता-बताकर

''सलमा से बातें करते देखा है इसको जाकर,

हम से नज़र बचाकर'' 'सलमा' से दिल लगाकर,

बस्ती की लड़कियों में बदनाम हो रहा हूँ।

रातों को गीत गाने जब मिल के आती हैं सब,

तालाब के किनारे धूमें मचाती हैं सब,

---

1. हूर जैसी सुन्दर (लड़की) के 2. दीन, धर्म 3. चुभन

जंगल की चाँदनी में मंगल मनाती हैं सब,
तो मेरे और सलमा के गीत गाती हैं सब,
          और हँसती जाती हैं सब, सलमा से दिल लगाकर,
          बस्ती की लड़कियों में बदनाम हो रहा हूँ।

खेतों से लौटती हैं जब दिन छुपे मकाँ को,
तब रास्ते में बाहम[1] वो मेरी दास्तां को,
दोहरा के छेड़ती हैं सलमा को मेरी जां को,
और वो हया की[2] मारी सी लेती है ज़बां को,
          क्या छेड़े इस बयां को, सलमा से दिल लगाकर,
          बस्ती की लड़कियों में बदनाम हो रहा हूँ।

इक शोख़[3] छेड़ती है इस तरह पास आकर,
''देखो वो जा रही है सल्मा नज़र बचा कर,
शर्मा के, मुस्करा कर, आंचल से मुंह छुपा कर,
          जाओ ना पीछे-पीछे, दो बातें कर लो जाकर,
          बस्ती की लड़कियों में बदनाम हो रहा हूँ।

इक शोख़ ताज़ा-वारिद[4] सुसराल से घर आकर,
सखियों से पूछती है जिस दम मुझे बता कर,
''ये कौन है?'' तो ज़ालिम कहती हैं मुस्करा कर,
तुम इसका हाल पूछो सलमा के दिल से जाकर,
          ये गीत उसे सुना कर सलमा से दिल लगाकर,
          बस्ती की लड़कियों में बदनाम हो रहा हूँ।

---

1. आपस में 2. लज्जा की 3. चंचल 4. नवागत

नन्हा क़ासिद[1]

तेरा नन्हा सा क़ासिद, जो तेरे ख़त लेके आता था।
न था मालूम उसे किस तरह के पैग़ाम लाता था॥
    समझ सकता न था वो ख़त में कैसे राज़ पिनहां हैं
    हुरूफ़े-सादा में किस हश्र के अन्दाज़ पिनहां हैं॥
उसे क्या इल्म इन रंगीं लिफ़ाफ़ों में छुपा क्या है ?
किसी महवश[2] का इनको भेजने से मुद्आ क्या है ?
    मगर मुझको ख़याल आता है अक्सर उस ज़माने में।
    कि उसकी हैरते-तिफ़ली[3] है क्यों गुम इस फ़साने में ?
वो बा-ई-कमसिनी[4] क्या यह न दिल में सोचता होगा ?
कि बाजी[5] ने हमारी अपने खत में क्या लिखा होगा ?
    और आख़िर वो उसी को नामा लिखकर भेजती क्यों हैं ?
    कभी भेजा तो भेजा लेकिन अक्सर भेजती क्यों हैं ?
वो पहले से ज़ियादा भाई को क्यों प्यार करती हैं ?
लिफ़ाफ़ा दे के लुत्फ़े-ख़ास[6] का इज़हार करती हैं॥
    फिर ऐसे 'अजनबी' पर उसकी बाजी 'मेहरबां' क्यों हैं ?
    अगर हैं भी तो घरवालों से ये बातें निहां[7] क्यों हैं ?
और उसके शुबः की इससे भी तो ताईद होती है।
छुपा कर ख़त को ले जाने की क्यों ताकीद होती है ?
    ये नौख़ेज़ अजनबी जाने कहां से अक्सर आता है।
    जब आता है तो बाजी की तरह ख़त लिख के लाता है॥

---

1. पत्रवाहक 2. चाँद जैसी अनुपम सुन्दरी 3. बाल्य-आश्चर्य 4. बाल्यावस्था के बावजूद
5. बड़ी बहन 6. विशेष कृपा 7. गुप्त

अज़ीज़ों की तरह ये क्यों मकाँ में आ नहीं सकता ?
जब उससे पूछता है वो, उसे समझा नहीं सकता ॥
खिलौने दे के उसको मुस्करा देता है वो अक्सर।
और इक हल्का-सा थप्पड़ भी लगा देता है वो अक्सर ॥
तेरे क़ासिद के ये अफ़कार[1] दिल को गुदगुदाते थे।
और अपने भोलेपन से मेरे जज़्बों को हँसाते थे।
नहीं मौक़ूफ़[2] उन्हीं अय्याम पर[3], जब भी ख़याल आया।
तसव्वुर[4] तेरे बाद उसका भी नक़्शा सामने लाया ॥
मगर आज इस तरह देखा है वो नक़्शे-हसीं[5] मैंने।
कि रख दी ख़ाके-हैरत पर[6] मोहब्बत की जबीं[7] मैंने ॥
वही नन्हा सा क़ासिद नौजवां होकर मिला मुझको।
ज़माने के तग़य्युर ने[8] परेशां कर दिया मुझको ॥
जुनूने-इब्तिदा-ए-इश्क़ ने[9] करवट-सी ली दिल में।
पस-अज़-मुद्दत[10] ये लैला आ गई फिर अपने महमिल में[11] ॥
तेरे क़ासिद से मिलते वक़्त मुझको शर्म आती थी।
मगर उसकी निगाहों में शरारत मुस्कराती थी ॥
शरारत का ये नज़्ज़ारा मेरी हैरत का सामां[12] था।
कि इस पर्दे के अन्दर तेरा राज़े-इश्क़[13] उरियां[14] था ॥

---

1. विचार 2. सीमित 3. दिनों पर 4. कल्पना 5. सुन्दर चित्र 6. आश्चर्य की ख़ाक (आश्चर्य के पैरों) पर 7. माथा 8. परिवर्तन ने 9. प्रेमारम्भ के उन्माद ने 10. बहुत समय के बाद 11. कजावे (ऊँट की काठी) में 12. सामान 13. इश्क़ का भेद 14. नग्न (स्पष्ट)

आज की रात

कितनी शादाब[1] है दुनिया की फ़ज़ा[2] आज की रात,
कितनी सरशार[3] है गुलशन की हवा आज की रात,
कितनी फ़य्याज़[4] है रहमत[5] की घटा आज की रात,
किस क़दर ख़ुश है ख़ुदाई से ख़ुदा आज की रात,
  कि नज़र आयेगी वो माहलक़ा[6] आज की रात!

आज क्या बात है दुनिया के नज़ारे ख़ुश हैं,
बाग़ के फूल, सरे-चख़[7] सितारे ख़ुश हैं,
एक बेनाम-सी सरमस्ती के मारे ख़ुश हैं,
एक मैं ख़ुश नहीं जितने भी हैं सारे ख़ुश हैं,
  है ख़ुशी चार तरफ़ नग़्मा-सरा[8] आज की रात!

ग़ायबाना जो हमें नामे[9] लिखा करती थी,
दूर से हम पे जो दिल अपना फ़िदा करती थी,
दादे-अशआ़र[10] जो गुमनाम दिया करती थी,
होके बे-पर्दा जो पर्दे में रहा करती थी,
  सामने होगी वही शोख़-अदा[11] आज की रात!

---

1. पल्लवित 2. वातावरण 3. उन्मत्त 4. उदार 5. अनुकम्पा 6. चाँद जैसी अनुपम सुन्दरी 7. आकाश पर 8. गीत गा रही है 9. पत्र 10. शे'रों पर दाद 11. चंचल अदाओं वाली (सुन्दरी)

दास्ताने – दिले – बेताब[1] सुनायेंगे उन्हें,

आज रोयेंगे गले मिल के रुलायेंगे उन्हें,

ख़ुद ही फिर रोने पे हँस देंगे, हँसायेंगे उन्हें,

और जुर्रत की तो सीने से लगायेंगे उन्हें,

    नित नये जज़्बों की है नश्वो-नुमा[2] आज की रात!

दिल की रग-रग में है बेताब मोहब्बत उसकी,

आँख के पर्दें पे लहराती है सूरत उसकी,

ख़िल्वते-रूह में[3] आबाद है उल्फ़त उसकी,

मेरे जज़्बात पे तारी[4] है लताफ़त[5] उसकी,

    और कुछ याद नहीं इसके सिवा आज की रात!

लेकिन इज़हारे-ख़यालात[6] करेंगे क्योंकर?

शर्म आती है मुलाक़ात करेंगे क्योंकर?

बात करनी है मगर बात करेंगे क्योंकर?

ख़त्म ये ख़्वाब की-सी रात करेंगे क्योंकर?

    आह ये आज की ये ख़्वाबनुमा[7] आज की रात!

ऐ दिल ऐसा न हो कुछ बात बनाये न बने,

हाले-दिल जो भी सुनाना है सुनाये न बने,

पास आएं तो मगर पास बिठाये न बने,

शर्म के मारे उन्हें हाथ लगाये न बने,

    कि तसव्वुर[8] से भी आती है हया[9] आज की रात!

---

1. बेचैन दिल का वृत्तांत 2. बढ़ोतरी 3. आत्मा के एकांत में 4. छाई हुई 5. लालित्य, माधुर्य
6. विचारों का प्रकटीकरण 7. स्वप्निल 8. कल्पना 9. लज्जा

यूँ तो हर तरह अदब[1] मद्देनज़र रखना है,
हसरते-दिल का[2] लिहाज़ आज मगर रखना है,
बेख़ुदी! देख तुझे मेरी ख़बर रखना है,
नाज़नीं क़दमों पे[3] यूँ नाज़ से सर रखना है,
    कि तड़प उट्ठे दिले-अर्ज़ों-समां[4] आज की रात !

हम में जुरते-गोयाई[5] भी होगी कि नहीं ?
हिम्मते-नासियाफ़रसाई[6] भी होगी कि नहीं ?
शर्म से दूर शिकेबाई[7] भी होगी कि नहीं ?
यूसुफ़े-दिल ज़ुलेख़ाई भी होगी कि नहीं[8] ?
    आज की रात उफ़, ओ मेरे ख़ुदा आज की रात !

---

1. शिष्टाचार 2. दिल की हसरत का 3. (प्रेयसी के) सुकोमल पैरों पर 4. धरती तथा आकाश का हृदय 5. बोलने का साहस 6. माथा टेकने का साहस 7. झिझक 8. ज़ुलेखा के प्रेमी यूसुफ़ की ओर संकेत है कि तू प्यार कर सकेगा या नहीं ?

अंगूठी

छुपाऊँ क्यों न दिल में ख़ातिमे-गौहरनिगार[1] उसकी,
    यही ले-दे के मेरे पास है इक यादगार उसकी।
यह तनहाई में मेरे लब तक[2] आकर मुस्कराती है,
    और अपनी मालिका की तरह दिल को गुदगुदाती है।
क़लम के साथ मेरे हाथ में हर वक़्त रहती है,
    और उसके दस्ते-रंगीं के[3] फ़साने मुझसे कहती है।
तिलाई[4] उंगलियों का जब मुझे क़िस्सा सुनाती है,
    तसव्वुर में[5] सितारों के से पैकर[6] खैंच लाती है।
मेरी 'सल्मा' को इसने शाद और नाशाद[7] देखा है,
    गहे[8] मसरूर, गाहे[9] माइले-फ़रियाद देखा है।
इसे मालूम हैं अच्छी तरह बेताबियां उसकी,
    नहीं पोशीदा इसकी आँख से बेख़्वाबियाँ उसकी।
इसे मालूम है वो किस तरह मग़मूम रहती थी।
    किसी के ग़म में लुत्फे-ज़ीस्त से[10] महरूम रहती थी।
मेरा खत पढ़के वो किस नाज़ से मसरूर[11] होती थी!
    फिर अपनी बेबसी पर किस तरह रंजूर[12] होती थी।
यह शाहिद[13] है कि उसकी शामे-ग़म क्योंकर गुज़रती थी।
    यह शाहिद है कि वो रो-रो के क्योंकर सुबह करती थी!

---

1. हीरे की अँगूठी 2. होंठों तक 3. रंगीन (सुन्दर) हाथ के 4. सुनहरी 5. कल्पना में 6. आकार, छवि 7. प्रसन्न और अप्रसन्न 8, 9. कभी 10. जीवन के आनन्द से 11. खुश 12. दुखित 13. गवाह

वो जब दिल थाम लेती थी हुजूमे-ग़म से[1] घबराकर,
तो यह करती थी उसकी ग़मगुसारी[2] दिल के पास आकर।
इसे मालूम है जो दर्द था उस पाक[3] सीने में,
बसी है उसके दिल की धड़कनें इसके नगीने में।
पहुँचती हैं शुआएँ[4] इसकी जिस दम चश्मे-हैरां तक[5],
तसव्वुर मुझको ले उड़ता है 'सलमा' के शबिस्तां[6] तक।
जहाँ 'सलमा' के और मेरे सिवा होता नहीं कोई!
अँगूठी खोई जाती है मगर खोता नहीं कोई!

---

1. दु:खों के समूह से 2. सहानुभूति करना 3. पवित्र 4. किरनें 5. आश्चर्यचकित आँखों तक
6. शयनागार

ए'तराफ़े-मोहब्बत[1]

लो आओ कि राज़े-पिनहां को[2] रुसवाये-हिकायत[3] करता हूँ,
दामाने-ज़बाने-ख़ामशी को[4] लबरेज़े-शिकायत[5] करता हूँ,
घबराके हुजूमे-ग़म से[6] आज अफ़शा-ए-हक़ीक़त[7] करता हूँ,
इज़्हार[8] की जुरत करता हूँ,
मैं तुमसे मोहब्बत करता हूँ!

मुद्दत से मोहब्बत करता था, सौ जान से तुम पर मरता था,
रातों को मैं रोता रहता था, रातों को मैं आहें भरता था,
हाँ रातों को आँहें भरता था, पर तुम से कहते डरता था,
आज इसकी जसारत[9] करता हूँ,
मैं तुमसे मोहब्बत करता हूँ!

तुम चाँद से बढ़कर रोशन हो, ज़ोहरा[10] की क़सम, तारों की क़सम,
तुम फूल से बढ़कर रंगीं[11] हो, फ़ितरत के[12] चमनज़ारों की क़सम,
तुम सबसे हसीं हो दुनिया की, दुनिया के नज़्ज़ारों की क़सम,
दुनिया से नफ़रत करता हूँ,
मैं तुमसे मोहब्बत करता हूँ!

---

1. प्रेम की स्वीकारोक्ति 2. गुप्त रहस्य को 3. कथा (कहकर) बदनाम 4. चुप्पी की ज़बान के दामन को 5. शिकायत से परिपूर्ण 6. दु:ख़ों के समूह से 7. वास्तविकता का प्रकटीकरण 8. प्रकट करना 9. साहस 10. शुक्र तारा 11. रंगीन 12. प्रकृति के

इस मक्र की[1] दुनिया में कि जहाँ मेआ़रे-सदाक़त[2] कुछ भी नहीं,

दो अश्कों से[3] बढ़कर सच्चा और इज़्हारे-मोहब्बत कुछ भी नहीं,

रोता हूँ तुम्हारी याद में गो रोने की शहादत[4] कुछ भी नहीं,

पेश इतनी शहादत करता हूँ,

मैं तुमसे मोहब्बत करता हूँ!

जब रात की बेकस तनहाई में, आपको तनहा पाता हूँ,

मैं बरबते-दिल से[5] सोज़ो-गुदाज़े-इश्क़ के[6] नग़मे गाता हूँ,

इतना तो बतादो तुम भी मुझे क्या मैं भी कभी याद आता हूँ,

बतलाओ कि मिन्नत करता हूँ,

मैं तुमसे मोहब्बत करता हूँ!

गर हुक्म दो रोशन तारों को मैं मिला के झुका दूँ क़दमों पर,

जन्नत के शिगुफ़्ता फूलों की जन्नत-सी बसा दूँ क़दमों पर,

सिज्दा-गहे-मेहो-माह को[7] भी सिज्दे में गिरा दूँ क़दमों पर,

नाचीज़ हूँ, हिम्मत करता हूँ,

मैं तुमसे मोहब्बत करता हूँ!

---

1. कपट की 2. सच्चाई का स्तर 3. आँसुओं से 4. गवाही 5. दिल-रूपी बाजे से 6. इश्क़ की जलन और मृदुलता के 7. चाँद और सूरज के मन्दिर को 8. ज़मीन पर माथा टेककर प्रणाम करने पर विवश कर दूँ

मुझे बद-दुआ न दे!

ओ नाज़नीं[1]! ख़ुदा के लिये बद-दुआ न दे!

मैं बेवफ़ा सही, मुझे दादे-वफ़ा[2] न दे!
मेरी ख़ता को[3] अपने करम से[4] सिला[5] न दे!
ग़फ़लत की[6] दे सज़ा मगर ऐसी सज़ा न दे!
ओ नाज़नीं! ख़ुदा के लिये बद-दुआ न दे!

तसलीम है कि तुझ को सताता रहा हूँ मैं,
तेरे हसीन दिल को दुखाता रहा हूँ मैं,
लेकिन तू इस तरह मेरे दिल को दुखा न दे!
ओ नाज़नीं! ख़ुदा के लिये बद-दुआ न दे!

इक़रार[7] है मुझे कि गुनहगार हूँ तेरा,
मुजरिम हूँ, बेवफ़ा हूँ, ख़तावार हूँ तेरा,
लेकिन तू रहम कर, मुझे ऐसी सज़ा न दे!
ओ नाज़नीं! ख़ुदा के लिये बद-दुआ न दे!

ये क्या कहा, "ख़ुदा करे तेरा भी आये दिल,
मेरी ही तरह तेरा भी कोई दुखाये दिल,
और दिल भी यूँ दुखाये कि क़ुदरत शिफ़ा[8] न दे!"
ओ नाज़नीं! ख़ुदा के लिये बद-दुआ न दे!

---

1. सुन्दरी 2. प्रतिज्ञा-पालन की प्रशंसा 3. भूल, ग़लती को 4. कृपा से 5. बदला 6. भूल की
7. स्वीकृत 8. स्वास्थ्य-लाभ

माना कि तेरे इश्क़ को दिल से भुला दिया,
नक़्शे-वफ़ा को[1] सीने से अपने मिटा दिया,
लेकिन तू मेरी पिछली वफ़ाएँ भुला न दे!
ओ नाज़नीं! ख़ुदा के लिये बद-दुआ न दे!

तेरे ग़मों पे क्यों मेरी अब तक नज़र न थी,
क्या हो गया था मुझको, मुझे ख़ुद ख़बर न थी,
इस बेख़ुदी[2] की मुझको ख़ुदा-रा[3] सज़ा न दे!
ओ नाज़नीं! ख़ुदा के लिये बद-दुआ न दे!

गो आस्माँ ने[4] तुझ से जुदा कर दिया मुझे,
बेगाना-ए-ख़याले-वफ़ा[5] कर दिया मुझे,
लेकिन तू दाग़े-तर्के-ख़याले-वफ़ा[6] न दे!
ओ नाज़नीं! ख़ुदा के लिये बद-दुआ न दे!

कालेज के मश्ग़लों ने तेरा ग़म भुला दिया,
परदेस की फ़जा ने[7] वो आलम[8] भुला दिया,
परदेसियों को दिल से मगर तू भुला न दे!
ओ नाज़नीं! ख़ुदा के लिये बद-दुआ न दे!

मुद्दत से ख़त लिखा न तुझे याद ही रखा,
तेरी हर इक उमीद को नाशाद[9] ही रखा,
आइन्दा की उमीद को लेकिन मिटा न दे!
ओ नाज़नीं! ख़ुदा के लिये बद-दुआ न दे!

---

1. 'प्रतिज्ञा-पालन' की छाप को 2. आत्म-विस्मृति 3. भगवान के लिए 4. आकाश ने (संसार ने) 5. प्रतिज्ञा-पालन के ख़याल से विमुख 6. प्रतिज्ञा-पालन के ख़याल को भूलने का कलंक 7. वातावरण ने 8. हालत, समय 9. खिन्न (अपूर्ण)

अपने किये पे आप ही पछता रहा हूँ मैं,
तेरी निगाहे-दर्द से शर्मा रहा हूँ मैं,
दिल से भुला दे, अपनी नज़र से गिरा न दे!
ओ नाज़नीं! ख़ुदा के लिये बद-दुआ न दे!

गुज़रे हुए दिनों का ख़याल आ रहा है फिर,
आँखों के आगे अ़हदे-विसाल[1] आ रहा है फिर,
अ़हदे-विसाल की क़सम! उसको भुला न दे!
ओ नाज़नीं! ख़ुदा के लिये बद-दुआ न दे!

बीती हुई बहार की रातों को याद कर,
उन भोली-भाली प्यार की बातों को याद कर,
माज़ी[2] का वास्ता[3], उन्हें दिल से मिटा न दे!
ओ नाज़नीं! ख़ुदा के लिये बद-दुआ न दे!

बदला हुआ है महफ़िले-दिल का[4] समाँ है फिर,
हसरत हो आरज़ू, कि तमन्ना जवाँ है फिर,
तू अपनी शम्मअ़-ए-इश्क़[5] अभी से बुझा न दे!
ओ नाज़नीं! ख़ुदा के लिये बद-दुआ न दे!

डरता हूँ, काँपता हूँ, तेरी बद-दुअ़ा से मैं,
रहमत की[6] भीख माँग रहा हूँ ख़ुदा से मैं,
यूँ बद-दुअ़ा न दे मुझे बहरे-ख़ुदा[7] न दे!
ओ नाज़नीं! ख़ुदा के लिये बद-दुआ न दे!

---

1. मुलाक़ातों का ज़माना 2. अतीत 3. ख़ातिर 4. हृदयरूपी महफ़िल का 5. प्रेम-रूपी दीपक
6. अनुकम्पा की 7. भगवान के लिए

गुजरात की रात

आज क़िस्मत से नज़र आई है बरसात की रात,

क्या बिगड़ जायेगा रह जाओ यहीं रात की रात!

उनकी पाबोसी को[1] जाये तो सबा[2] कह देना,

आज तक याद है वो आपके गुजरात की रात!

जिसमें 'सलमा' के तसव्वुर के[3] हैं तारे रोशन,

मेरी आँखों में है वो आ़लमे-जज़्बात की[4] रात!

हाए वो मस्त घटा, हाए वो 'सलमा' की अदा,

आह वो रोदे-चनाब[5], आह वो गुजरात की रात!

मेरे सीने पे इधर ज़ुल्फ़े-मुअ़त्तर का[6] हुजूम[7],

आह वो ज़ुल्फ़ कि आवारा ख़राबात की[8] रात

उ़फ़ वो सोई हुई, खोई हुई फ़ितरत की[9] बहार,

उ़फ़ वो महकी हुई, बहकी हुई, बरसात की रात!

क्यों न इन दोनों पे मिटने की हो हसरत 'अख़्तर',

उ़फ़ वो उस रात की बात, आह वो उस बात की रात!

---

1. पाँव चूमने को 2. प्रभात-समीर 3. कल्पना (प्रणिधान) के 4. मनोभाव की अवस्था 5. चनाब नदी 6. सुगंधित केशों का 7. पुंज 8. मधुशाला की 9. प्रकृति की

एक बार देखा...और दोबारा देखने की हवस[1]!

तुम्हें सितारों ने बे-इख़्तियार देखा है।
शरीर चाँद ने भी बार-बार देखा है।
कभी चमन में[2] गई हो तो मस्त फूलों ने,
निगाहे-शौक़ से[3] आईनावार[4] देखा है।
रुपहली चाँदनी ने रात को खुली छत पर,
अदा से सोते हुए बार-बार देखा है।
सुनहरी धूप की किरनों ने बाम पर तुमको,
बिखेरे गेसु-ए-मुश्की[5]-बहार देखा है।
बहिश्ते-हुस्न की[6] ताज़ा कली के धोके में,
कली ने भी तुम्हें दीवाना-वार[7] देखा है।
कभी जो उट्ठी हो गेसू संवारने के लिये,
तो आईने ने तुम्हें हमकिनार[8] देखा है।
ग़रज़ मज़ाहिरे-क़ुदरत ने[9] हर तरह तुमको,
हज़ार बार नहीं, लाख बार देखा है।
मगर मेरी निगहे-शौक़ को शिकायत है,
कि हमने तुमको फ़क़त एक बार देखा है।
दिखा दो एक झलक और बस निगाहों को,
दोबारा देखने की है हवस निगाहों को।

---

1. तृष्णा 2. बाग़ में 3. प्रेम-भरी नज़र से 4. दर्पण की तरह 5. सुगंधित केश 6. सुन्दरता के स्वर्ग की 7. पागलों की तरह 8. आलिंगित होकर 9. प्रकृति की शक्तियों ने

आँसू

मेरे पहलू में जो बह निकले तुम्हारे आँसू,
बन गये शामे-मोहब्बत के सितारे आँसू।
देख सकता है भला कौन ये प्यारे आँसू,
मेरी आँखों में न आ जाएँ तुम्हारे आँसू।
अपना मुँह मेरे गिरेबाँ में छुपाती क्यों हो,
दिल की धड़कन कहीं सुनलें न तुम्हारे आँसू।
मेंह की बूँदों की तरह हो गये सस्ते क्यों आज?
मोतियों से कहीं महंगे थे तुम्हारे आँसू।
साफ़ इक़रारे-मोहब्बत हो ज़बाँ से क्योंकर,
आँख में आ गये यूँ शर्म के मारे आँसू।
हिज्र[1] अभी दूर है, मैं पास हूँ, ऐ जाने-वफ़ा,
क्यों हुए जाते हैं बेचैन तुम्हारे आँसू।
सुबह-दम[2] देख न ले कोई ये भीगा आँचल,
मेरी चुग़ली कहीं खा दें न तुम्हारे आँसू।
दमे-रुख़्सत[3] है क़रीब, ऐ ग़मे-फ़ुर्क़त[4] ख़ुश हो,
करने वाले हैं जुदाई के इशारे आँसू।
सदक़े उस जाने-मोहब्बत के[5] मैं 'अख़्तर' जिसके,
रात-भर बहते रहे शौक़ के मारे आँसू।

---

1. जुदाई 2. सुबह के वक़्त 3. विदा का समय 4. जुदाई का ग़म 5. प्रेम के जीवन (प्रेयसी) के

योअर हाइनैस्

(अपूर्ण)

मैं जब कमसिन[1] था और तू अपने सीने से लगाती थी!
तेरी हँसती हुई नज़रों से मुझको शर्म आती थी!
मचलता था मैं तेरी गोद से बाहर निकलने को,
मगर तू इक अदा-ए-मुत्मइन[2] से मुस्कराती थी!
तेरे वो गीत अब तक गूँजते हैं मेरे कानों में,
जिन्हें मेरे लिये लिखती थी तू और गुनगुनाती थी!
समझता था बहुत कम मतलब उन गीतों का मैं, लेकिन,
तेरी उस शोख़ी-ए-गोया[3] से मुझको शर्म आती थी!
तेरा वो मख़मली बिस्तर, अभी तक याद है मुझको,
मुझे सर्दी के डर से, जिसमें तू अक्सर सुलाती थी!
मैं सो जाता था जब रंगीं दुलाई ओढ़कर तेरी,
तू अपने मरमरीं[4] हाथों से मुझको गुदगुदाती थी!
वो तेरी ख़्वाबगह के[5] नीलगूँ[6] अबरेशमी पर्दे,
सरे-शाम[7] आके 'नर्गिस' जिनको चुपके-से गिराती थी!
दिमाग़ अब तक मुअत्तर[8] है तेरी मस्ताना ख़ुशबू से,
तेरे गजरों की कलियों को भी जो बेख़ुद[9] बनाती थी!

---

1. बालक 2. निश्चित अदा 3. आवाज़ या बात की चंचलता 4. संगमरमर के से 5. शयनागार के
6. नीले 7. संध्या होते ही 8. सुगंधित 9. उन्मत्त

तेरी रंगीं जवानी नक़्श है अब तक मेरे दिल पर,
    जो तेरे फूल-से पैकर[1] के अन्दर लहलहाती थी!
तेरी वो महफ़िलें आबाद हैं अब तक तसव्वुर में[2],
    तू जिनमें अपनी गुड़िया से मेरी शादी रचाती थी!
मगर ऐ शाहज़ादी, आज कुछ तुझको ख़बर भी है,
    कि वो कमसिन जिसे तू अपने सीने से लगाती थी!
वो शायर है कि दुनिया में कहानी उसकी रुसवा है!
    वो रुसवा, उसका दिल रुसवा, जवानी उसकी रुसवा है!

---

1. काया 2. कल्पना में

ओ देस से आने वाले बता!*

ओ देस से आने वाले बता!

क्या अब भी वहाँ के बाग़ों में मस्ताना हवायें आती हैं?

क्या अब भी वहाँ के परबत पर घनघोर घटायें छाती हैं?

क्या अब भी वहाँ की बरखायें वैसे ही दिलों को भाती हैं?

ओ देस से आने वाले बता!

क्या अब भी वतन में वैसे ही सरमस्त नज़ारे होते हैं?

क्या अब भी सुहानी रातों को वो चाँद-सितारे होते हैं?

हम खेल जो खेला करते थे अब भी वो सारे होते हैं?

ओ देस से आने वाले बता!

शादाबो-शिगुफ़्ता[1] फूलों से मा'मूर[2] हैं गुलज़ार[3] अब कि नहीं?

बाज़ार में मालन लाती है फूलों के गुँधे हार अब कि नहीं?

और शौक़ से टूटे पड़ते हैं नौउम्र ख़रीदार अब कि नहीं?

ओ देस से आने वाले बता!

क्या शाम पड़े गलियों में वही दिलचस्प अंधेरा होता है?

और सड़कों की धुँदली शम्मओं पर सायों का बसेरा होता है?

बाग़ों की घनेरी शाख़ों पर जिस तरह सवेरा होता है!

ओ देस से आने वाले बता!

क्या अब भी वहाँ वैसी ही जवां और मदभरी रातें होती हैं?

क्या रात भर अब भी गीतों की और प्यार की बातें होती हैं?

वो हुस्न के जादू चलते हैं वो इश्क़ की घातें होती हैं?

ओ देस से आने वाले बता!

---

*33 बन्दों की इस नज़्म में से यहाँ केवल 15 बन्द दिये गये हैं।

1. प्रफुल्ल, स्फुटित 2. परिपूर्ण 3. बाग़

क्या अब भी महकते मन्दिर से नाक़ूस[1] की आवाज़ आती है ?
क्या अब भी मुक़द्दस[2] मस्जिद पर मस्ताना अज़ाँ[3] थर्राती है ?
और शाम के रंगीं सायों पर अ़ज़्मत[4] की झलक छा जाती है ?
　　　ओ देस से आने वाले बता !
क्या अब भी वहाँ के पनघट पर पनहारियाँ पानी भरती हैं ?
अँगड़ाई का नक़्शा बन-बन कर सब माथे पे गागर धरती हैं ?
और अपने घरों को जाते हुए हँसती हुई चुहलें करती हैं ?
　　　ओ देस से आने वाले बता !
क्या अब भी वहाँ मेलों में वही बरसात का जोबन होता है ?
फैले हुए बड़ की शाख़ों में झूलों का निशेमन होता है ?
उमड़े हुए बादल होते हैं छाया हुआ सावन होता है ?
　　　ओ देस से आने वाले बता !
क्या शहर के गिर्द अब भी है रवाँ[5] दरिया-ए-हसीं[6] लहराये हुए ?
जूँ गोद में अपने मन[7] को लिये नागन हो कोई थर्राये हुए ?
या नूर की[8] हँसली हूर की गर्दन में हो अ़याँ[9] बल खाये हुए ?
　　　ओ देस से आने वाले बता !
क्या अब भी किसी के सीने में बाक़ी है हमारी चाह ? बता
क्या याद हमें भी करता है अब यारों में कोई ? आह बता
ओ देस से आने वाले बता लिल्लाह[10] बता, लिल्लाह बता
　　　ओ देस से आने वाले बता !

---

1. शंख 2. पवित्र 3. अज्ञान 4. महानता 5. बहती है 6. सुन्दर नदी 7. मणि 8. प्रकाश की
9. प्रकट 10. भगवान के लिए

क्या गाँव में अब भी वैसी ही मस्ती भरी रातें आती हैं?
देहात में कमसिन महवशें तालाब की जानिब जाती हैं?
और चाँद की सादा रोशनी में रंगीन तराने गाती हैं?
ओ देस से आने वाले बता!

क्या अब भी गजर-दम[1] चरवाहे रेवड़ को चराने जाते हैं?
और शाम के धुंदले सायों में हमराह घरों को आते हैं?
और अपनी रंगीली बाँसुरियों में इश्क़ के नग़्मे गाते हैं?
ओ देस से आने वाले बता!

आख़िर में ये हसरत है कि बता वो ग़ारते-ईमाँ[2] कैसी है?
बचपन में जो आफ़त ढाती थी वो आफ़ते-दौरां[3] कैसी है?
हम दोनों थे जिसके परवाने वो शम्मए-शबिस्तां[4] कैसी है?
ओ देस से आने वाले बता!

क्या अब भी शहाबी आरिज़[5] पर गेसू-ए-सियह[6] बल खाते हैं?
या बहरे-शफ़क़ की[7] मौजों पर[8] दो नाग पड़े लहराते हैं?
और जिन की झलक से सावन की रातों के से सपने आते हैं?
ओ देस से आने वाले बता!

अब नामे-ख़ुदा, होगी वो जवाँ मैके में है या ससुराल गई?
दोशीज़ा है या आफ़त में उसे कमबख्त जवानी डाल गई?
घर पर ही रही या घर से गई, ख़ुशहाल रही, ख़ुशहाल गई?
ओ देस से आने वाले बता!

---

1. सुबह-सवेरे 2. धर्म नष्ट करने वाली (अति सुन्दरी) 3. संसार के लिए आफ़त 4. शयनागार का दीपक 5. गुलाबी कपोल 6. काले केश 7. ऊषा के सागर की 8. लहरों पर

उन से!

दिले-ग़मदीदा को[1] ग़म सहने की आदत न रही,
चश्मे-महज़ूँ[2] में लहू रोने की आदत न रही।
मरने के दिन नहीं और जीने की हसरत न रही,
रहम कर रहम कि अब ज़ब्त की ताक़त न रही।
दर्दे-दिल बढ़के न मोहताजे-मुदावा[3] हो जाए।
तेरे क़ुर्बान तेरा इश्क़ न रुसवा हो जाए॥
क्या ग़ज़ब है कि ग़मे-हिज़्र[4] सुना भी न सकें,
सीने का ज़ख़्म दिखायें तो दिखा भी न सकें।
सब्र हो भी न सके, रंज उठा भी न सकें,
आप जा भी न सकें, तुम को बुला भी न सकें।
ग़मे-दिल कौन सुने तेरी बला भी न सुने।
और नसीबों को[5] ये ज़िद है कि ख़ुदा भी न सुने॥
इश्क़ ने जुल्म वो ढाये हैं कि जी जानता है,
यास ने[6] गुल वो खिलाये हैं कि जी जानता है।
दर्द, दुख दिल ने वो पाये हैं कि जी जानता है,
हम ने वो रंज उठाये हैं कि जी जानता है।
अश्क-पर्वर्दा[7] हैं, ग़मदीदा[8] हैं, महजूर[9] हैं हम।
ओ परी! पास बुला ले कि बहुत दूर हैं हम॥

---

1. ग़म सहने के अभ्यस्त दिल को 2. शोकग्रस्त आँखों को 3. इलाज का ज़रूरतमंद 4. वियोग का ग़म 5. भाग्य को 6. निराशा ने 7. आँसुओं के पाले हुए 8. ग़म उठाने के अभ्यस्त 9. वियोगी

जानता हूँ कि तुम्हें भी है मोहब्बत मुझ से,
गर यह सच है तो सुनो एक शिकायत मुझ से।
पहले तो रखती थीं तुम ख़त-ओ-किताबत मुझ से,
कहती-सुनती थीं बहम[1] क़िस्सा-ए-उल्फ़त[2] मुझ से।
फूल की तरह महकते हुए ख़त आते थे
देखकर जिन को कंवल रूह के खिल जाते थे॥

अब अगर मुद्दतें गुज़रीं कि वो हालत न रही,
वो नवाज़िश[3], वो मुरौवत[4], वो इनायत न रही।
वो तो किस दिल से कहूँ मुझ से मोहब्बत न रही,
हाँ मगर और ख़यालात से फ़ुर्सत न रही।
तुम हो और तुमपे मदारात[5] हैं बेगानों की।
कौन लेता है ख़बर इश्क़ के दीवानों की!

ख़त तो लिखने को हमें लिखती हो अब भी अक्सर,
अजनबीयत से[6] भरे होते हैं लेकिन यकसर[7]।
नाम को भी नहीं होता है मोहब्बत का असर,
आख़िर इस तर्ज़े-तख़ातब से[8] है क्या मदे-नज़र।
क्या यह मतलब है कि मैं लायक़े-उल्फ़त[9] न रहा।
दिल मेरा दर-ख़ुरे-ग़म-हाए-मोहब्बत[10] न रहा॥

---

1. परस्पर 2. प्रेम वृत्तांत 3. अनुकम्पा 4. लिहाज 5. सत्कार, आतिथ्य 6. परायापन से 7. एकदम
8. सम्बोधन के ढंग से 9. प्रेम के योग्य 10. प्रेम के दुःख झेलने के योग्य

दर्दमंदों पे ये ज़ुल्म ओ सितम-ईजाद[1]! न कर,

    मेरी उम्मीदों की फ़िर्दौस को[2] बर्बाद न कर।

इस पे राज़ी हूँ कि ता-हश्र[3] मुझे याद न कर,

    बन के अनजान मगर माइले-फ़रियाद[4] न कर।

हाल यह है कि दिल अब ग़म से मिटा चाहता है।

    इश्क़े-पर्दा-नशीं[5] बे-पर्दा हुआ चाहता है॥

फिर न कहना कि अ़बस[6] कर दिया बदनाम हमें,

    पहले मालूम न था जौर[7] का अंजाम हमें।

या ये हीला[8] कि नहीं आप से कुछ काम हमें,

    आप भेजा न करें इश्क़ के पैग़ाम हमें।

देख लेना ये बहाने नहीं काम आयेंगे।

    तेरे दीवाने तेरे इश्क़ में मर जायेंगे॥

मेरे अंजाम पे पछताओगी तुम, याद रहे,

    अपने इस ज़ुल्म से शर्माओगी तुम, याद रहे।

अब अगर रहम न फ़र्माओगी तुम, याद रहे,

    हश्र तक[9] फिर न हमें पाओगी तुम, याद रहे।

---

1. अत्याचारी, जालिम 2. जन्नत को 3. प्रलय तक 4. फ़रियाद के लिए प्रवृत 5. पर्दे में रहने वाला इश्क़ 6. ख़्वाहमख्वाह 7. ज़ुल्म 8. बहाना 9. प्रलय तक

कुछ रूमानी लम्हों की[1] याद

इश्क़ का मौसम, ग़म की हवायें, उफ़ रे जवानी, हाय ज़माने,
दिल में तमन्ना लब पे[2] दुआयें, उफ़ रे जवानी, हाय ज़माने!
चोरों का गहरी नींद में सोना, दिल का किसी की याद में खोना,
शौक़ को ये ज़िद सबको जगायें, उफ़ रे जवानी, हाय ज़माने!
इश्क़ की नादानी का फ़साना, अक़्ल की हैरानी का ज़माना,
सर में जुनूं[3], आँखों में हयाएं[4] उफ़ रे जवानी, हाय ज़माने!
शौक़ की पहली नींद उचटना, इश्क़ की पिछली रात न कटना,
दिल में उम्मीदें, लब पे दुआयें, उफ़ रे जवानी, हाय ज़माने!
देर से उनको देखते रहना, मुँह से मगर इक हर्फ़[5] न कहना,
सादा निगाहें, भोली अदायें, उफ़ रे जवानी, हाय ज़माने!
चाँदनी रातें सोई हुई सी, नींद में फ़ितरत[6] खोई हुई सी,
मस्त फ़ज़ायें[7], सर्द हवायें, उफ़ रे जवानी, हाय ज़माने!
घर पे किसी के रात गुज़रना, और वो उसका सुबह को डरना,
देखो कनीज़ें देख न पायें, उफ़ रे जवानी, हाय ज़माने!
झूले पे उनको छेड़ते रहना, और वो उनका नाज़ से कहना,
आप न झूला अब से झुलायें, उफ़ रे जवानी, हाय ज़माने!
उनका बुलाना आप न जाना, राह दिखाना, रात जगाना,
ताकि अभी वो और मनायें, उफ़ रे जवानी, हाय ज़माने!
वो मेरी रातें महकी हुई सी, वो मेरी रातें बहकी हुई सी,
मरने के दिन, जीने की दुआयें, उफ़ रे जवानी, हाय ज़माने!

---

1. रोमांटिक क्षणों की 2. होंठों पर 3. उन्माद 4. लज्जा 5. शब्द, अक्षर 6. प्रकृति 7. वातावरण

एक गली से रोज़ गुज़रना, गर्चे किसी से बात न करना,
सीने में धड़कन, मुँह पे हवायें, उफ़ रे जवानी, हाय ज़माने!
घर पे वो इक महपारा[1] का आना, बात न करना आँख चुराना,
दिल को ख़लिश[2], तनहा कभी पायें, उफ़ रे जवानी हाय ज़माने,
चाँदनी और दरिया में सफ़ीना[3], हाथ में मीना[4] साथ हसीना,
साज़ के लब पर मस्त सदायें[5], उफ़ रे जवानी, हाय ज़माने!
बाग़ का वो फूलों से महकना, वक़्त का ख़ुशबू बन के लहकना,
चाँदनी रातें, मस्त हवायें, उफ़ रे जवानी, हाय ज़माने!
गाँव के जिस पनघट पे भी जाना, बेकहे गागर सर पे रखाना,
हँसती रहें घूंघट में अदायें, उफ़ रे जवानी, हाय ज़माने!
याद में आँसू बहते हैं 'अख़्तर' खोये हुए से रहते हैं 'अख़्तर',
दिल से समाँ वो कैसे भुलायें, उफ़ रे जवानी, हाय ज़माने!

---

1. चाँद का टुकड़ा (सुन्दरी) 2. चुभन 3. नाव 4. शराब की सुराही 5. आवाज़ें

हरजाई

इश्क़ में तुझको भी अपना हमज़बां[1] समझा था मैं,
        तेरे दिल को दर्दे-दिल का राज़दां समझा था मैं।
आह उस दिन जब कि तू पहले-पहल आकर मिली !
        सारी पिछली ज़िन्दगी को रायगाँ[2] समझा था मैं।
हाय वो रात और वो उस रात की रंगीनियां,
        जिसके हर लम्हे को उम्रे-जाविदां[3] समझा था मैं।
सहने-गुलशन में[4] तेरा हुस्ने-ख़िरामाँ[5] देखकर,
        तुझ को इक सय्यारा-ए-बेआस्मां[6] समझा था मैं।
आह वो रंगीं फ़ज़ा[7], वो चाँदनी, वो बेख़ुदी[8]
        उस समय में तुझको इक हूरे-जनां[9] समझा था मैं।
फिरते हैं आँखों में वो बेताब[10] आँसू आज भी,
        जिनको तेरे रंजो-ग़म का तर्जुमां[11] समझा था मैं।
चाँद की किरनों से घबराकर वो ख़िल्वत की[12] तलाश,
        जिसको अपने ज़ब्त का इक इम्तिहां समझा था मैं।
फिर वो ख़िल्वत में हम-आग़ोशी की[13] पिनहां[14] कोशिशें,
        तेरी बेताबी का जिनको राज़दाँ समझा था मैं।

---

1. सहमत 2. व्यर्थ 3. अमर जीवन 4. बाग़ में 5. धीमी चाल से चलता हुआ सौन्दर्य (प्रेयसी)
6. ऐसा नक्षत्र जिसका कोई आकाश न हो 7. रंगीन वातावरण 8. आत्म-विस्मृति 9. जन्नत की हूर
10. व्याकुल 11. अनुवादक 12. एकांत की 13. आलिंगन की 14. गुप्त

वादा लेना राज़दारी का वो हंगामे-विदाअ़[1],

    जिसको तेरी पाकबाज़ी का[2] निशां समझा था मैं।

आज ऐ...मगर आँखों से पर्दा उठ गया,

    एक धोके को हक़ीक़त का निशां समझा था मैं।

था तेरा ज़र्रीन पैकर[3] इक बिसाते-रहगुज़र[4]

    जिसको आग़ोशे-हरीमे-कहकशां[5] समझा था मैं।

तेरा जिस्म इक ज़ख़्म था, इक ज़ख़्मे-पंबादर-दहां[6],

    जिसको अंबारे-हरीरो-परनियां[7] समझा था मैं।

तेरे सीने में था रक़्सां[8] हिर्स का आतिश-कदा[9],

    जिसको नूरे-शम्मए-इश्क़े-जाविदां[10] समझा था मैं।

तेरे होंठों से उबलती थी हवस की तीरगी[11],

    जिसको ग़म की पाक[12] आहों का धुआं समझा था मैं।

तेरे पहलू से निकलती थी गुनाहों की भबक,

    जिसको बू-ए-दामने-हूरे-जनाँ[13] समझा था मैं।

चाँदनी की तरह अर्ज़ां[14] था तेरा हुस्नो-शबाब,

    जिसको इक दिन चाँद से बढ़कर गिरां समझा था मैं।

---

1. विदा के समय 2. पवित्रता का 3. स्वर्णिम काया 4. रास्ते का बिछौना 5. आकाशगंगा के अन्त:पुर की गोद
6. ऐसा घाव जिसका मुँह फाहे से छुपा हो 7. रेशम का ढेर 8. नृत्यशील 9. काम-वासना का अग्निकुंड
10. अमर प्रेम के दीपक का प्रकाश 11. काम-वासना का अन्धकार 12. पवित्र 13. जन्नत की
हूरों के दामन की सुगंधि 14. सस्ता

तेरे होंठों पर थीं इफ़्फ़त के[1] लहू की सुख़ियां,

    जिनको रूहे-गुञ्चा-हाए-अर्ग़वां[2] समझा था मैं।

तू वो साग़ार[3] थी हर इक के होंठ जिसको छू सकें,

    साग़रे-ख़ुरशीदो-मह का हम-इनां[4] समझा था मैं।

हर मकाँ निकला तेरी जल्वा-गरी से आशना[5]

    तेरे हर जल्वे को नूरे-लामकां[6] समझा था मैं।

एक नागन बन के हलराती है तू अफ़कार में[7],

    हुस्न का इक सलसबीले-बेकरां[8] समझा था मैं।

---

1. सतीत्व के 2. लाल (गुलाब के) फूलों की आत्मा 3. शराब का प्याला 4. सूरज और चाँद के प्याले का सहचर (साथी) 5. परिचित 6. अनन्त प्रकाश 7. चिंतन या रचनाओं में 8. अथाह चश्मा (जन्नत का)

जोगन

(प्राचीन भारत की एक संगीतमयी रात की कल्पना)

देखो! वो कोई जोगन जंगल में गा रही है,
मौसीक़ी-ए-हज़ीं के[1] दरिया बहा रही है।
ग़मगीं नवाइयों से[2] बेख़ुद[3] बना रही है,
दुनियाँ के हर असर को दिल से मिटा रही है।
सोई हुई फ़ज़ा का[4] शाना[5] हिला रही है,
हर जुंबिशे-ज़बां[6] से मुर्दे जिला रही है।
बेदार कर रही है[7] मदहोश घाटियों को,
ख़्वाबीदा[8] साहिलों की नींदें उड़ा रही है।
हर लर्ज़िशे-सबा में[9] तूफ़ां उमड़ रहे हैं,
पंचम में क्या रसीली तानें लगा रही है।
देखो! वो कोई जोगन जंगल में गा रही है!
अठखेलियों का सिन[10] है, हँस-बोलने के दिन हैं,
लेकिन न जाने क्यों वो आँसू बहा रही है।
आईना-रंग[11] सीना कुछ खिल रहा है जिस में,
दोशीज़गी की[12] गंगा तूफ़ां उठा रही है।

---

1. दर्द भरे संगीत के 2. दर्द भरी तानों से 3. उन्मत्त 4. वातावरण का 5. कन्धा 6. ज़बान के हिलने से (हर शब्द से) 7. जगा रही है 8. निद्रित 9. प्रभात-समीर की प्रत्येक लहर 10. आयु 11. आईने का-सा निर्मल रंग 12. कंवारपन

इक गेरवा-सी साड़ी है जिस्मे-मरमरीं पर[1],

        या हल्की-हल्की बदली सूरत पे छा रही है।
इक बहरे-यासमीं[2] पर लहरा रही है नागन,

        या उसकी ज़ुल्फ़े-मुश्कीं[3] सीने पे आ रही है।
है इक सितार उसके आग़ोशे-नाज़नीं में[4],

        दो नाज़ुक उंगलियों से जिसको बजा रही है।

            देखो! वो कोई जोगन जंगल में गा रही है!

सब्ज़े पे[5] चाँदनी के बादल बरस रहे हैं,

        या कोई हूरे-जन्नत[6] आँसू बहा रही है।
है मौजज़न[7] फ़ज़ा में इक आबशारे-सीमीं[8],

        या मल्का-ए-परिस्तां[9] मोती लुटा रही है।
इक मौजे-गौहरीं-सी[10] हर फूल पर है रक़्सां[11],

        नग़्मे की रूहे-रंगीं[12] जिसमें समा रही है।
या दिन के मक़बरे पर दोशीज़ा-ए-शब[13] आकर,

        गुलहाए-नूर की[14] इक चादर चढ़ा रही है।

            देखो! वो कोई जोगन जंगल में गा रही है!

---

1. संगमरमर के (बने) शरीर पर 2. चंबेली (फूल) के समुद्र पर 3. सुगंधित केश 4. नाज़ुक गोद में
5. हरियाली पर 6. जन्नत की हूर 7. लहरें लेता हुआ 8. रजत जल-प्रपात 9. परिस्तान की रानी 10. रजत लहर
11. नृत्यशील 12. रंगीन आत्मा 13. रात की कुमारी 14. प्रकाश के फूलों की

फ़र्शे-ज़मुर्रदी पर[1] कुछ फूल सो रहे हैं,
नग़्मे के पर[2] की जुंबिश[3] जिनको जगा रही है।
जंगल महक रहा है कलियाँ चटक रही हैं,
हर तान में इलाही क्या गुल खिला रही है।
इक नहर बह रही है थोड़े से फ़ासले पर,
गाती हुई जो अपनी मंज़िल को जा रही है।
या जलपरी रुपहली मौजों के[4] बरबतों[5] पर,
तारों के देवता को नग़्मे सुना रही है।
देखो! वो कोई जोगन जंगल में गा रही है!
जंगल के जानवर कुछ बैठे हैं उसके आगे,
रो-रो के जिनको अपनी बिपता सुना रही है।
ख़ूँख़्वार[6] शेर भी हैं वहशी ग़ज़्ज़ाल[7] भी हैं,
लेकिन वो सबके दिल पर सिक्का जमा रही है।
कुछ साँप झूमते हैं रह-रह के मस्त होकर,
इक मौजे-वज्द[8] उनकी रग-रग पे छा रही है।
ऐसा समां बंधा है ग़मगीं नवाइयों से,
रो-रो के जैसे फ़ितरत तूफ़ां उठा रही है।
देखो! वो कोई जोगन जंगल में गा रही है!

---

1. हरे रंग के हीरों (घास) के फ़र्श पर 2. पंख 3. हिलना 4. रजत लहरों 5. बरबत एक साज़ का नाम है 6. खूनी 7. हिरन 8. मस्ती की लहर

ये मोहनी बनी है किसकी लगन में जोगन?
ये सैले-दर्द[1] किसके ग़म में बहा रही है?
हाँ शायद इसकी नन्ही मासूम आत्मा में,
हर[2] की प्रेम अग्नि लौके लगा रही है।

हर बन में, हर नगर में, हर घर में, हर डगर में,
फिर-फिर के अपने मन की चिन्ता मिटा रही है।

या हर[3] की जुस्तजू में, प्रीतम की आरजू में,
काशी से आ रही है, मथुरा को जा रही है।

या जंग की आफ़तों से तंग आके बन में जाकर,
परमात्मा को अपना दुखड़ा सुना रही है।
देखो! वो कोई जोगन जंगल में गा रही है!

हर लफ़्ज़ में छुपी है वहशत की एक दुनिया,
दिल की हर आरजू को मजनूँ बना रही है।

इक आग-सी भरी है ग़मगीन रागनी में,
'दीपक' सुना-सुना कर तन मन जला रही है।

रूहानियत के[4] नग़्मे लब पर तड़प रहे हैं,
मुल्के-अबद की जानिब सबको बुला रही है।

पर्दा-सा उठ गया है आँखों के सामने से,
क्या जाने किस जगह के जल्वे दिखा रही है।

कुछ सोज़ है बयाँ में, कुछ दर्द दास्तां में,
शो'अले उगल रही है, छुरियां चला रही है।
देखो! वो कोई जोगन जंगल में गा रही है!

---

1. दर्द की बाढ़ (आँसुओं की झड़ी) 2, 3. हरि, परमात्मा 4. आध्यात्मिकता के

दुनिया से हो रही है बेज़ार मेरी हस्ती,
दिल हाथ से चला है जां लब पे आ रही है।
बुतख़ाना-ए-जबीं में सिज्दे मचल रहे हैं,
काफ़िर-अदा सनम है, काफ़िर बना रही है।
अब नग़्मे सो गये हैं बाजा भी थक चला है,
महशर उठा चुकी है, फ़ितने जगा रही है।
कुछ खुल गया है जैसे बादल कोई बरस कर,
या शम्मअ़ जल-जलाकर अब झिलमिला रही है।
लो वो सितार को भी नींद आ गई बग़ल में,
लो! वो सितार उठाकर जंगल से जा रही है।
देखो! वो कोई जोगन जंगल में गा रही है!
मैं तो मगर कुछ ऐसा महसूस कर रहा हूँ,
जैसे वो ज़ालिम अबतक वैसे ही गा रही है।
अबतक फ़ज़ा पे है वो खोया हुआ-सा आ़लम
अबतक उफ़क़ पे[1] यकसर[2] मस्ती-सी छा रही है।
अबतक उठा रहा है साज़ उसका अब्रे-नग़्मा,
अबतक ज़बान उसकी बिजली गिरा रही है।
फूलों से अब तक उसके नग़्मे टपक रहे हैं,
पत्तों से अबतक उसके आवाज़ आ रही है।
अबतक मैं सर झुकाये हैरतज़दा खड़ा हूँ,
अबतक वही तजल्ली आँखों पे छा रही है।
देखो! वो कोई जोगन जंगल में गा रही है!

---

1. क्षितिज पर 2. एक सिरे से दूसरे तक

एक देहाती लड़की का गीत*

सुनो ये कैसी आवाज़ आ रही है
      कोई गाँव की लड़की गा रही है
सहर के[1] धुंदले-धुंदले मन्ज़रों को
      शराबे-नग़्मा से[2] नहला रही है
उठी है शायद आटा पीसने को
      कि चक्की की सदा भी आ रही है
ग़मों से चूर अपने नन्हे दिल को
      तराना छेड़ कर बहला रही है
फ़ज़ा पर, बस्तियों पर, जंगलों पर
      धुआंधार एक बदली छा रही है
छमाछम मेंह की बूँदें पड़ रही हैं
      कि सावन की परी कुछ गा रही है
नये भीगे हुए सब्ज़े की ख़ुशबू
      हवा के साथ उड़कर आ रही है
सबा के[3] मस्त झोंकों के असर से
      ख़ुशी-सी दिल में उमड़ी जा रही है
मगर है ग़म की तासीर इस ख़ुशी में
      गुज़श्ता[4] ज़िन्दगी याद आ रही है

---

* ''यह नज़्म रियासत टैंक (राजपूताना) के एक गाँव 'भांची' की यादगार है। मेरा हाथ ज़ख़्मी था इसलिए मैं पूरी रात सो नहीं सका—आँखों में कट रही है रात सारी...यहाँ तक कि सुबह होने से पहले...''
1. सुबह के 2. नग़्मे की शराब से 3. प्रभात समीर के 4. गत

कोई याद आह, इक ग़मदीदा[1] सी याद
    समय बचपन के फिर दिखला रही है
हवा की सरसराहट है कि फ़ितरत[2]
    पुरानी ज़िन्दगी दोहरा रही है
उधर बादल की ख़ौफ़-अंगेज़[3] आवाज़
    फ़ज़ा को नींद से चौंका रही है
ये बादल की गरज बिजली का कड़का
    ख़ुदाई सारी लर्ज़ीं जा रही है
ये बादल हैं कि हैं सावन के सपने
    हवा जिनको उड़ा कर ला रही है
ये बिजली है कि इक मरमर[4] की नागन
    धुएं की झील पर लहरा रही है
ये बूँदें हैं कि बिजली आस्मां से
    सितारे तोड़कर बरसा रही है
मगर वो ग़मज़दा[5] मासूम लड़की
    बराबर गीत गाये जा रही है
कुछ ऐसा नातवां[6] नग़्मा है गोया
    कोई नन्ही कली मुझर्रा रही है
हवा, ठंडी हवा, भरती है आहें
    फ़ज़ा, धुंदली, फ़ज़ा, थर्रा रही है
घरों पर, खेतियों पर, क्यारियों पर
    उदासी ही उदासी छा रही है

---

1. दुःख से परिचित 2. प्रकृति 3. भयानक 4. संगमरमर 5. दुःखित 6. अशक्त

न जाने क्या असर है इस सदा में
कि ख़ुद फ़ितरत भी बहकी जा रही है
ये घर ससुराल होगा शायद उसका
ज़मीं माँ–बाप की याद आ रही है
जभी मसरूफ़ है आहो-फुग़ां में[1]
जभी ग़मगीन लै में गा रही है—
ये बरखा रुत भी बीती जा रही है

हवा जो गाँव को महका रही है
मेरे मैके से शायद आ रही है
ये बरखा रुत भी बीती जा रही है

घटा की ऊदी-ऊदी चुनरियों से
मेरी सखियों की बू-बास आ रही है
ये बरखा रुत भी बीती जा रही है

मुझे लेने न आये अच्छे बाबुल!
तुम्हारी याद आफ़त ढा रही है
ये बरखा रुत भी बीती जा रही है

मेरी अम्मां को हो इसकी ख़बर क्या
कि 'चम्पा' इस जगह घबरा रही है
ये बरखा रुत भी बीती जा रही है

न ली भय्या ने भी सुध-बुध हमारी
जहाँ[2] से चाह उठती जा रही है
ये बरखा रुत भी बीती जा रही है

---

1. आर्तनाद में 2. जहान, संसार

हवा की पंखियां झल-झल के बिजली

मेरे मन की लगी भड़का रही है

ये बरखा रुत भी बीती जा रही है

भला क्योंकर थमे आँसू कि जी पर

उदासी की बदरिया छा रही है

ये बरखा रुत भी बीती जा रही है

गया पेंगें बढ़ाने का ज़माना

वो अमरैयों पे कोयल गा रही है

ये बरखा रुत भी बीती जा रही है

युँही वो अपनी ग़मगीं रागनी से

दरो-दीवार को तड़पा रही है

सियाही उड़ती जाती है उफ़क़ से

उरूसे-सुबह बढ़ती आ रही है

शिवाले में गजर भी जाग उट्ठा

ठना ठन ठन की आवाज़ आ रही है

कोई चिड़िया निकल कर घोंसले से

घने जंगल में मंगल गा रही है

कोई बकरी कहीं करती है मैं-मैं

कोई बछिया कहीं चिल्ला रही है

मगर इन सबसे बेपरवाह लड़की

बराबर गीत गाये जा रही है

उसे सुन-सुन के कब तक सर धुनोगे

बस 'अख़्तर' सोने दो नींद आ रही है!

जहाँ 'रेहाना' रहती थी!

यही वादी है वो हमदम जहाँ 'रेहाना' रहती थी!

वो इस वादी की शहज़ादी थी और शाहाना रहती थी,

कंवल का फूल थी, संसार से बेगाना रहती थी,

नज़र से दूर, मिस्ले-नकहते-मस्ताना[1] रहती थी,

यही वादी है वो हमदम जहाँ 'रेहाना' रहती थी!

इन्हीं सहराओं में[2] वो अपने गल्ले को चराती थी,

इन्हीं चश्मों पे वो हर रोज़ मुँह को धोने आती थी,

इन्हीं टीलों के दामन में वो आज़ादाना[3] रहती थी,

यही वादी है वो हमदम जहाँ 'रेहाना' रहती थी!

खजूरों के तले, खंडर-से वो जो झिलमिलाते हैं,

ये सब 'रेहाना' के मा'सूम अफ़साने सुनाते हैं,

वो इन खंडरों में इक सूरते-अफ़साना[4] रहती थी,

यही वादी है वो हमदम जहाँ 'रेहाना' रहती थी!

ये फूलों की हसीन आबादिया, काशाना[5] थीं उसका,

वो इक बुत थी ये सारी वादियां बुतख़ाना थीं उसका,

वो इस फ़िर्दौसे-वज्दो-रक़्स में[6] मस्ताना रहती थी,

यही वादी है वो हमदम जहाँ 'रेहाना' रहती थी!

---

1. मस्ती भरी सुगंधि की तरह 2. मरुस्थलों में 3. स्वतन्त्रतापूर्वक 4. कथा की तरह 5. घर
6. नृत्य और मस्ती के स्वर्ग में

इसी वीराने में इक दिन बहिश्तें लहलहाती थीं,
घटायें घिर के आती थीं, हवायें मुस्कराती थीं,
कि वो बनकर बहारे-जन्नते-वीराना, रहती थी,
    यही वादी है वो हमदम जहाँ 'रेहाना' रहती थी!
ये वीराना, गुज़र जिसमें नहीं है कारवानों का,
जहाँ मिलता नहीं नामो-निशां तक सारबानों का[1],
इसी वीराने में इक दिन मेरी 'रेहाना' रहती थी,
    यही वादी है वो हमदम जहाँ 'रेहाना' रहती थी!
सबा[2] शाख़ों में नख़लिस्तां[3] की जिस दम सरसराती थी,
मुझे हर लहर से 'रेहाना' की आवाज़ आती थी,
यहीं 'रेहाना' रहती थी, यहीं 'रेहाना' रहती थी,
    यही वादी है वो हमदम जहाँ 'रेहाना' रहती थी!
फ़ज़ायें[4] गूँजती हैं अब भी उन वहशी तरानों से,
सुनो, आवाज़-सी आती है उन ख़ाकी चट्टानों से,
कि जिनमें वो ब-रंगे-नग़मा-ए-बेगाना[5] रहती थी,
    यही वादी है वो हमदम जहाँ 'रेहाना' रहती थी!
मेरे हमदम, जुनूने-शौक़[6] का इज़हार करने दे,
मुझे इस दश्त की[7] इक-इक कली से प्यार करने दे,
जहाँ इक दिन वो मिस्ले-ग़ुञ्चा-ए-मस्ताना रहती थी,
    यही वादी है वो हमदम जहाँ 'रेहाना' रहती थी!

---

1. ऊँट चलाने वाॅलों का 2. प्रभात समीर 3. सरसब्ज़ मैदान जहाँ खजूरों के वृक्ष अधिक हों
4. वातावरण 5. अपरिचित संगीत की तरह 6. प्रेमोन्माद 7. वन की

यहीं बस्ती थी ऐ हमदम मेरे रोमान की बस्ती,
मेरे अफ़सानों की दुनिया, मेरे वज्दान की[1] बस्ती,
यहीं 'रेहाना' बस्ती थी, यहीं 'रेहाना' रहती थी,
    यही वादी है वो हमदम जहाँ 'रेहाना' रहती थी!
उसे फूलों ने मेरी याद में बेताब देखा है,
सितारों की नज़र ने रात भर बेख़्वाब[2] देखा है,
वो शम्मए-हुस्न[3] थी, पर सूरते-परवाना[4] रहती थी,
    यही वादी है वो हमदम जहाँ 'रेहाना' रहती थी!
पयामे-दर्दे दिल[5] 'अख़्तर' दिये जाता हूँ वादी को,
सलामे-रुख़्सते-ग़मगीं[6] किये जाता हूँ वादी को,
    सलाम! ऐ वादी-ए-वीरां, जहाँ 'रेहाना' रहती थी!

---

1. अंतर्ज्ञान की 2. अनिद्रित 3. सौन्दर्य का दीपक 4. परवाने की तरह 5. दिल की पीड़ा या तड़प का संदेश 6. ग़म भरी विदा की सलाम

साक़ी से

उठा साग़र कि दुनिया दर-पै-आज़ार[1] है साक़ी।

ज़माना हो कि क़िस्मत बर-सरे-पैकार[2] है साक़ी॥

पिला दे आज तू जितनी मय-ए-गुलनार[3] है साक़ी।

कि फिर अब्रे-जवाँ[4] रक़्साँ सरे-कुहसार[5] है साक़ी॥

ग़ज़ब है ये जवानी और हम इस तरह से काटें।

कि इक-इक सांस इक चलती हुई तलवार है साक़ी॥

ज़माने की तरह रंगत बदलना किस से सीखा है।

कभी इक़रार है साक़ी, कभी इन्कार है साक़ी॥

पिला दे आज तू जितनी पिलाई जा सके मुझ को।

हुमा-ए-उम्र[6] उड़ने के लिये तैयार है साक़ी॥

मुझे ज़ौक़े-बलानोशी ने[7] ये कैसी सज़ा दी है?

इधर पीरे-मुग़ां[8] बरहम[9] उधर बेज़ार है साक़ी॥

पिला दे जितनी चाहे अब तो मेहमाँ हैं कोई दम के।

जरस[10] का शोर गूंजा, कारवाँ तैयार है साक़ी॥

घटायें हैं कि ख़ाकी-पोश[11] परियां मुस्कराती हैं।

उठा साग़र कि दुनिया हुस्न से सरशार[12] है साक़ी॥

---

1. दुःख देने पर उतारू 2. लड़ने के लिए तैयार 3. लाल शराब 4. जवान बादल 5. पहाड़ों पर नृत्यशील 6. आयु-रूपी पक्षी (हुमा एक कल्पित पक्षी है जो शुभ माना जाता है) 7. बुरी तरह पीने के शौक़ ने 8. वयोवृद्ध शराब बेचनेवाला 9. क्रुद्ध 10. घड़ियाल 11. ख़ाकी वस्त्र पहने 12. उन्मत्त

ज़माने के ग़मों ने ये सबक़ हमको सिखाया है।

जो बेख़ुद[1] है यहाँ साक़ी, वही हुशियार है साक़ी॥

ग़नीमत जान इस सोहबत[2] को फिर ऐसी कहां सोहबत?

कि जो मन्ज़र[3] है हस्ती का फ़ना-आसार[4] है साक़ी॥

तेरे मैख़ाने पर क़ुर्बान कर दी दौलते-हस्ती।

और इस पर भी गिला, मेरी वफ़ा नादार[5] है साक़ी॥

ये बादल है कि हैं रंगीं परिस्ताँ बेख़ुद-ओ-रक़्साँ[6]।

अजब हश्रे-हसीं[7] बर्पा[8] सरे-कुहसार[9] है साक़ी॥

परेशां तू भी कर दे ज़ुल्फ़े-मुश्कीं[10] दोशे-नाज़ुक पर[11]।

कि सहने-बाग़ में[12] ऊदी घटा गुलकार है[13] साक़ी॥

न दे फ़ुर्सत कि मुझको होश आये अपने ज़ख़्मों का।

कि दुनिया यकसर[14] इक अहरमने-ख़ूँख़्वार[15] है साक़ी॥

अदब से माहे-नौ[16], मरमर की[17] किश्ती ले के आया है।

तेरे झूटे फ़रिश्तों के लिये दरकार है साक़ी॥

ख़रीदी जा नहीं सकती ख़ुशी दुनिया-ए-ग़मगीं में[18]।

मगर तेरे करम से ये भी क्या दुश्वार[19] है साक़ी!

---

1. आत्म-विस्मृत 2. संगति 3. दृश्य 4. मिटने का चिन्ह लिये हुए 5. निर्धन 6. उन्मत्त तथा नृत्यशील 7. सुन्दर प्रलय 8. मची हुई 9. पहाड़ों पर 10. सुगंधित केशों को 11. नाज़ुक कन्धे पर 12. बाग़ के आंगन (बाग़) में 13. बेलबूटे काढ़ रही है 14. एक सिरे से दूसरे तक 15. रक्तपायी अहरमन (अग्निपूजकों का देवता या बुराई का ख़ुदा) 16. नया चाँद 17. संगमरमर की 18. ग़म भरे संसार में 19. कठिन

दिले-ग़मगीं को बहलाने की ख़ातिर दर पे[1] आये हैं।

मोहब्बत है कि जीते जी का इक आज़ार[2] है साक़ी॥

ग़मों के हाथ से मर-मर के जीना क्या क़यामत है।

ख़ुशी का जाम ला दे, ज़िन्दगी दुश्वार है साक़ी॥

मोहब्बत कर, ग़मे-दुनिया सताये तो मोहब्बत कर।

मोहब्बत इस जहाँ में इक हसीं आज़ार है साक़ी॥

मोहब्बत में मज़े ले-ले के मरना तो मुक़द्दर[3] है।

मगर इसके लिये कुछ ज़िन्दगी दरकार है साक़ी॥

अजब क्या है 'मरी'[4] की रात आँखों ही में कट जाये।

इधर बेख़्वाब[5] है 'अख़्तर' उधर बेदार[6] है साक़ी॥

---

1. दरवाज़े पर 2. दुःख, रोग 3. सौभाग्य 4. कोह मरी 5. अनिद्रित 6. जाग्रत

अ॒यादत[1]

तन्दुरुस्ती का गिला क्यों है, शिकायत क्या है?

    मेरी बीमार, बता तो, तेरी हालत क्या है?

इश्क़ बीमारी है और कितनी हसीं बीमारी,

    क्या ख़बर बेख़बरों को कि ये लज़्ज़त[2] क्या है?

सारी दुनिया के मरीज़ों को शफ़ा[3] दे या रब!

    आज एहसास हुआ है कि अ॒लालत[4] क्या है?

रो दिये जब भी सुनी दर्द भरी कोई ख़बर,

    दर्द ही दर्द है या रब कि तबीयत क्या है?

उनकी सेहत की ख़बर आयेगी, जल्द आयेगी,

    दिले-नादां, तुझे आख़िर को ये वहशत क्या है?

सामने हों तो फिदा कर दें[5] दिलो-जां उन पर,

    हम नहीं जानते 'अख़्तर' कि अ॒यादत क्या है!

---

1. रोगी की पूछताछ 2. आनन्द, स्वाद 3. स्वास्थ्य 4. बीमारी 5. न्यौछावर कर दें

वादी-ए-गंगा में[1] एक रात

करते हैं मुसाफ़िर को मोहब्बत के इशारे,

ऐ वादी-ए-गंगा तेरे शादाब नज़ारे,

ये बिखरे हुए फूल ये बिखरे हुए तारे,

खुशबू से महकते हुए दरिया के किनारे!

ये चाँदनी रात और ये पुरख़्वाब फ़ज़ायें[2],

इक मौजे-तरब की[3] तरह बेताब फ़ज़ायें,

सब्ज़े का[4] हुजूम और ये शादाब फ़ज़ायें,

महके हुए नज़्ज़ारे हैं, बहके हुए तारे!

ये तारे हैं या नूर के[5] मैख़ाने हैं आबाद,

मासूम-ओ-हसीं हूरों के काशाने[6] हैं आबाद,

मस्ताना हवाओं पे परीख़ाने हैं आबाद,

या दामने-अफ़लाक में[7] बेताब शरारे!

महताब[8] है या नूर की ख़्वाबीदा[9] परी है,

अलमास की[10] मूरत है कि मन्दिर में धरी है,

मरमर की सुराही मये-सीमीं से[11] भरी है,

और तैरती है नील की मौजों के सहारे!

---

1. गंगा की वादी (इलाके) 2. स्वप्नभरे वातावरण 3. आनन्द की लहर की 4. हरियाली का
5. प्रकाश के 6. घर 7. आकाश के दामन में 8. चाँद 9. निद्रा-मग्न 10. हीरे की 11. रजत शराब से

नींदों में हैं खोई हुई बेदार हवायें,
गुलज़ार हैं गुलरेज़[1] गुहर-बार हवायें,
हैं नूर में डूबी हुई सरशार[2] हवायें,
या बाल-फ़िशां[3] मस्ती-ए-नकहत के[4] नज़ारे !

सहरा[5] हैं कि ख़्वाबीदा नज़ारों के शबिस्ताँ[6],
दामन में लिये चाँद-सितारों के शबिस्ताँ,
फ़िर्दौस की[7] पुरकैफ़[8] बहारों के शबिस्ताँ,
शायर को तमन्ना है यहीं रात गुज़ारे !

---

1. फूल बिखेरता हुआ 2. उन्मत्त 3. केश खोले हुए 4. सुगंध की मस्ती के 5. मरुस्थल
6. शयनागार 7. जन्नत की 8. मस्ती भरी

एक शायरा* की शादी पर

(जिसको दावा था कि वह दुनिया में सिर्फ़
शायराना ज़िन्दगी गुज़ारने आई है)

ऐ कि था उन्स[1] तुझे इश्क़ के अफ़सानों से,
        ज़िन्दगानी तेरी आबाद थी रोमानों से।
शे'र की गोद में पलती थी जवानी तेरी,
        तेरे शे'रों से उबलती थी जवानी तेरी।
रश्के-फ़िर्दौस[2] था हर हुस्न भरा ख़्वाब तेरा,
        एक पामाल[3] खिलौना था ये महताब[4] तेरा।
नकहते-शे'र से[5] महकी हुई रहती थी सदा,
        नशा-ए-फ़िक्र में[6] बहकी हुई रहती थी सदा।
शिर्कते-ग़ैर से[7] बेगाना[8] थे नग़्मे तेरे,
        इस्मते-हूर का[9] अफ़साना थे नग़्मे तेरे।
ग़ायब-अज़-चश्म[10] थी जन्नत की बहारों की तरह,
        दस्ते-इन्सां से[11] भी महफ़ूज़[12] सितारों की तरह।
सुबह की तरह से दोशीज़ा[13] थी हस्ती तेरी
        बू-ए-गुल की[14] तरह पाकीज़ा[15] थी हस्ती तेरी।

---

* कवयित्री

1. लगाव 2. जन्नत के लिए ईर्ष्या 3. पददलित 4. चाँद 5. कविता की सुगंधि से 6. चिंतन के नशे
में 7. ग़ैरों के सम्मिलन से 8. अपरिचित 9. हूरों के सतीत्व का 10. आँख से ओझल 11. मनुष्य
के हाथ से 12. सुरक्षित 13. तरुणी 14. फूल की सुगंधि की 15. पवित्र

दर्दे-शे'री के[1] तास्सुर[2] से तो मग़मूम[3] थी तू,

आस्मां का मगर इक ग़ुञ्चा-ए-मासूम[4] थी तू।

मौजे-कौसर का[5] छलकता हुआ पैमाना थी।

ग़ैर होंठों के तसव्वुर से भी बेगाना थी।

अब गवारा हुई है ग़ैर की सोहबत तुझको।

क्यों पसंद आ गई नाजिंस की[6] शिरकत तुझको।

औजे-तक़दीस को[7] पस्ती की अदा भा गई क्यों?

तेरी तन्हाई की जन्नत पे ख़िज़ां छा गई क्यों?

शे'र-ओ-रोमान के वो ख़्वाब कहां हैं तेरे?

वो नुक़्शे-गुलो-महताब[8] कहां हैं तेरे?

कौनसी तुफ़ां[9] अदा भा गई इस दुनिया में?

ख़ुल्द को[10] छोड़ के क्यों आ गई इस दुनिया में?

हो गई आम तू नूरे-महे-ताबां की[11] तरह,

आह! क्यों जल न बुझी शम्मे-शबिस्तां की[12] तरह?

हवस – आलूदा[13] हुई पाक[14] जवानी तेरी,

ग़ैर की रात है अब, और कहानी तेरी।

---

1. कविता की पीड़ा के 2. प्रभाव 3. खिन्न, शोकाकुल 4. मासूम कली 5. जन्नत की एक नहर (शराब की नहर) का 6. विजातीय की 7. पवित्रा के शिखर को 8. चाँद और फूलों के चित्रण 9. अनोखी चीज़ 10. जन्नत को 11. प्रकाशमान चाँद के प्रकाश की 12. शयनागार के दीपक की 13. लिप्सायुक्त 14. पवित्र

किसको मालूम था तू इस क़दर अर्ज़ां[1] होगी,

ज़ीनते - महफ़िलो - पामाले - शबिस्तां[2] होगी।

तीरगी[3] हिर्स[4] की हूरों को भी बहका ही गई,

तेरे बिस्तर पे भी आख़िर को शिकन आ ही गई।

अब नहीं तुझमें वो हूरों की सी इफ़्फ़त[5] बाक़ी,

हूर थी तुझ में गई, रह गई औरत बाक़ी!

हाँ वो औरत जिसे बच्चों का फ़साना कहिये,

बरबते-नफ़्स का[6] इक फ़ोह्श[7] तराना कहिये।

जिसमें है ज़हर उफ़ूनत का[8] वो पैमाना कहें,

इक गुनाहों का भबकता हुआ मैख़ाना कहें।

सोगवार[9] अपनी जवां मौत का होने दे मुझे।

मुस्करा तू, मगर इस हाल पे रोने दे मुझे॥

---

1. सस्ती 2. महफ़िल और पद-दलित शयनागार की शोभा 3. अंधकार 4. लोलुपता 5. सतीत्व
6. श्वासरूपी वीणा का 7. अश्लील 8. सड़ाँध का 9. शोकग्रस्त, सोगी

कलियाँ

न फूलों की तमन्ना है न गुलदस्तों की हसरत है।
मुझे तो कुछ इन्हीं बीमार कलियों से मोहब्बत है।

अभी उलटा नहीं बादे-बहारी ने[1] निक़ाब इनका,
अभी महफ़ूज़ है इक ख़िल्वते-रंगीं में[2] ख़्वाब इनका,
अभी सरमस्तियों में रात-दिन सोने की आदत है।
   मुझे तो कुछ इन्हीं बीमार कलियों से मोहब्बत है।

अभी टूटा नहीं सूरज की किरनों से हिजाब[3] इनका,
अभी रुसवा नहीं है गुलफ़रोशों में[4] शबाब[5] इनका,
अभी छाई हुई दोशीज़गी की[6] सादा रंगत है।
   मुझे तो कुछ इन्हीं बीमार कलियों से मोहब्बत है।

हवा में झूलते रहते हैं हरदम आशियां[7] इनके,
हैं दो-दो पत्तियों की गोद में क़ायम मकाँ इनके,
मकाँ या आशियां जो कुछ भी है नकहत[8] ही नकहत है।
   मुझे तो कुछ इन्हीं बीमार कलियों से मोहब्बत है।

ख़िज़ां बनकर चुरा कर ले गई थी इक ज़माने में,
सबा[9] ले आई फिर मोती, वो गुलशन के ख़ज़ाने में,
चमन में हर कली सावन की इक रंगीं अमानत है।
   मुझे तो कुछ इन्हीं बीमार कलियों से मोहब्बत है।
ये गहरी चाँदनी में झूमती हैं शाख़्सारों पर[10],

---

1. वसन्त ऋतु की हवा ने 2. रंगीन एकांत में 3. लज्जा 4. फूल बेचनेवालों में 5. यौवन 6. कंवारपन की 7. घोंसले 8. सुगंध 9. प्रभात समीर 10. शाखाओं पर

कि कुछ चीनी की गुड़ियां नाचती हैं सब्ज़ तारों पर,
ये आ़लम है कि पेशानी को[1] सिज्दों की ज़रूरत है।
       मुझे तो कुछ इन्हीं बीमार कलियों से मोहब्बत है।

कोई दोशीज़ा[2] जब आग़ोशे-बीमारी में[3] सोती है,
तो सेहत से कहीं बढ़कर हसीं मालूम होती है,
युँही फूलों में और कलियों में भी फ़र्क़े-लताफ़त[4] है।
       मुझे तो कुछ इन्हीं बीमार कलियों से मोहब्बत है।

कोई छूले अगर इनको तो ये कुम्हला के रह जायें,
हया में[5] इस क़दर डूबें कि बस मुझा के रह जायें,
अभी अल्हड़पने के दिन हैं, शर्माने की आदत है।
       मुझे तो कुछ इन्हीं बीमार कलियों से मोहब्बत है।

मेरा बस हो तो 'अख़्तर' मैं इन्हीं का रंग हो जाऊं,
हमेशा के लिए इन चम्पई पर्दों में सो जाऊं,
मुझे इनकी रसीली गोद में मरने की हसरत है।
       मुझे तो कुछ इन्हीं बीमार कलियों से मोहब्बत है।

---

1. माथे को 2. कुमारी 3. रोग की गोद में 4. मृदुलता का अंतर 5. लज्जा में

तुलूअए-मोहब्बत से[1] पहले

जब तलक[2] दिल में मोहब्बत न हुई थी पैदा।

ये ज़मीं सादा थी, जन्नत न हुई थी पैदा,

ज़िन्दगी में कोई लज़्ज़त[3] न हुई थी पैदा,

ज़हन[4] और फ़िक्र में[5] अज़्मत[6] न हुई थी पैदा,

जब तलक दिल में मोहब्बत न हुई थी पैदा।

मेरे अफ़कार के[7] फूलों में बहार आई न थी,

मेरे अशआर में[8] रंगीनी-ओ-रअ़नाई[9] न थी,

मेरे तख़ईल में[10] नुदरत[11] न हुई थी पैदा,

जब तलक दिल में मोहब्बत न हुई थी पैदा।

बे-असर थी मेरी नज़रों में सितारों की बहार,

कितनी अफ़सुर्दा[12] थी कुदरत के नज़ारों की बहार,

किसी मन्ज़र में[13] लताफ़त[14] न हुई थी पैदा,

जब तलक दिल में मोहब्बत न हुई थी पैदा।

आरज़ूएं थीं न था हुस्न-भरा ख़्वाब उनका,

न उमंगें थीं न ये नश्शा-ए-शादाब[15] उनका,

किसी जज़्बे में तरावत[16] न हुई थी पैदा,

जब तलक दिल में मोहब्बत न हुई थी पैदा।

---

1. प्रेम के उदय (प्रेमारम्भ) से 2. तक 3. मज़ा 4. मस्तिष्क 5. चिंतन में 6. महानता 7. रचनाओं के 8. शे'रों में 9. रंगीनी और सुन्दरता 10. कल्पना में 11. नवीनता 12. मलिन 13. दृश्य में 14. मृदुलता, सूक्ष्मता 15. सुसिक्त नशा 16. तरी, ताज़गी

ये जहाँ सादा था, बेकैफ़[1] था या ग़मज़दा था,
एक-एक ज़र्रा परेशान था, मातम-ज़दा[2] था,
   बाग़े-हस्ती में[3] मसर्रत[4] न हुई थी पैदा,
     जब तलक दिल में मोहब्बत न हुई थी पैदा।

न घटाओं में था ये रंगे-ख़िरामाँ[5] पहले,
न हवाओं में थी ये बू-ए-परअफ़शां[6] पहले
   रंगो-बू में[7] ये हलावत[8] न हुई थी पैदा,
     जब तलक दिल में मोहब्बत न हुई थी पैदा।

हुस्न ख़न्दां[9] था न दीवाने नज़र आते थे,
शम्मअ़ रोशन थी न परवाने नज़र आते थे,
   ये जुनूं[10] और ये वहशत[11] न हुई थी पैदा,
     जब तलक दिल में मोहब्बत न हुई थी पैदा।

मिश्रे-अफ़कार[12] था बेगाना[13] जुलेख़ाओं से[14],
मेरे अरमाँ-कदे[15] महरूम थे 'सल्माओं' से,
   फ़िक्र और शे'र में लज़्ज़त[16] न हुई थी पैदा,
     जब तलक दिल में मोहब्बत न हुई थी पैदा।

---

1. स्वाद-रहित 2. शोकग्रस्त 3. संसार में 4. प्रसन्नता 5. मन्दगति का रंग (ढंग) 6. पंख फैलाए सुगंधि 7. रंग और सुगंधि में 8. मधुरता 9. हँसता हुआ 10. उन्माद 11. उपेक्षा, घबराहट 12. कविता-रूपी मिश्र देश 13. अपरिचित 14. जुलेखा (अज़ीज़ मिश्र की पत्नी का नाम जो हज़रत यूसुफ़ पैग़म्बर पर आशिक़ हो गई थी) 15. आकांक्षागार 16. स्वाद

मेरा मौजूदा मश्ग़ला

ज़बाने-ख़ामा से[1] फिर गुल खिलाने की तमन्ना है,

कि इक गुलरुख़ ने[2] पूछा है तुम्हारा शग़्ल अब क्या है ?

परेशां-हालियाँ[3] इस पुरसिशे-अहवाल के[4] क़ुर्बां

मेरा हर शे'र उसकी जुल्फ़ के हर बाल के क़ुर्बां।

मेरी चश्मे-हज़ीं[5] इस दिलरुबा तहरीर के[6] सदक़े,

दिले-दीवाना इस मुश्कीं-अदा[7] ज़ंजीर के सदक़े।

हसीं अल्फ़ाज में[8] जज्बों का इक तूफ़ान पिनहां[9] है,

असर से जिसके दिलमें बिजलियों का जोश रक़्सां[10] है।

जबीने-बन्दगी[11] आमादा है सिज्दे लुटाने को,

ज़बाने-शौक़[12] मुज़्तर[13] है सरूदे-इश्क़[14] गाने को।

दिले-मुज़्तर को अरमां है मचल कर ख़ामा[15] बन जाये,

तमन्ना को ये हसरत है उबल कर नामा[16] बन जाये।

जुनूँ कहता है पिन्दारे-जुनूँ की[17] इन्तिहा कर दूँ,

महो-अंजुमको[18] उसके पाए-नाज़ुक पर फ़िदा[19] कर दूँ।

---

1. क़लम की ज़बान से 2. फूल के से मुखड़े वाली ने 3. परेशान हाल 4. हालत की पूछताछ के
5. शोकातुर आँख 6. दिल मोहने वाली लिखावट के 7. सुगंधि (कस्तूरी की) जैसी 8. शब्दों में
9. छुपा हुआ 10. नृत्यशील 11. उपासना का माथा (उपासना-रूपी माथा) 12. इश्क की ज़बान
13. आकुल 14. प्रेम के गीत 15. क़लम 16. पत्र 17. उन्माद के घमंड की 18. चाँद-सितारों
को 19. नाज़ुक पैरों पर

जवानी मुज़्तरिब[1] है शौक़ का इज़हार[2] कर आऊं,

और उस बल्क़ीस-वश के[3] गेसुओं को प्यार कर आऊं।

मोहब्बत मुस्कराती है कि उनका सामना होगा,

तो दिल को ही नहीं, दोनों जहाँ को थामना होगा।

जुनूने-बेख़ुदी[4]! बस कर, कि अर्ज़े-दास्तां[5] कर लूँ!

हुज़ूरे-हुस्न में[6] कुछ मश्ग़ला अपना बयाँ कर लूँ।

अदबसे[7] जा के कहना ऐ सबा[8] उस शोख़ पुरफ़न से[9],

कि रूमाँ और मोहब्बत, मश्ग़ला है मेरा बचपन से।

मोहब्बत के लिए आया हूँ मैं दुनिया की महफ़िल में,

मोहब्बत ख़ून बनकर लहलहाती है मेरे दिल में।

हर इक शायर मुक़द्दर[10] अपना अपने साथ लाया है,

मोहब्बत का जुनूँ तनहा मेरे हिस्से में आया है।

मोहब्बत इब्तिदा मेरी, मोहब्बत इन्तिहा मेरी,

मोहब्बत से इबारत है बक़ा[11] मेरी, फ़ना[12] मेरी।

मोहब्बत आरजू मेरी, मोहब्बत जुस्तजू मेरी,

मोहब्बत ख़ामशी[13] मेरी, मोहब्बत गुफ़्तगू मेरी।

मोहब्बत ही मेरे नज़दीक[14] मेअ़राजे-इबादत है,

मोहब्बत ही मेरे नज़दीक सरताजे-इबादत है।

---

1. बेचैन 2. प्रकट 3. 'बल्क़ीस' जैसी सुन्दरी 4. आत्म-विस्मृति के उन्माद 5. आत्मकथा (विनयपूर्वक) निवेदन 6. सौन्दर्य (प्रेयसी) की सेवा में 7. विनयपूर्वक 8. प्रभात समीर 9. चंचल और चालाक से 10. भाग्य 11. जीवन 12. मृत्यु 13. चुप्पी 14. विचार से

मोहब्बत मुब्तदा[1] मेरा, मोहब्बत मुन्तहा[2] मेरा,

 हक़ीक़त में[3] मोहब्बत ही मोहब्बत है ख़ुदा मेरा।

मोहब्बत ही मेरी ताक़त, मोहब्बत ही जवानी है,

 मोहब्बत गर न हो, वीरान मेरी ज़िन्दगानी है।

मोहब्बत कितनी ही बेमाया[4] हो शाहाना रहती है,

 ख़राब-आबाद[5] दिल में सूरते-सुल्ताना[6] रहती है।

 शबो-रोज़[7], इक नया पैगाम लाते हैं मोहब्बत का!

 गुलो-अंजुम[8], मुझे नग़मा सुनाते हैं मोहब्बत का॥

सहर की[9] हूर जब ज़ुल्फ़े-समन पर[10] गुनगुनाती है,

 मोहब्बत रंगो-बू[11] होकर फ़ज़ा में फैल जाती है।

सरे-कुहसार[12] जब मस्ताना बादल घिर के आते हैं,

 मोहब्बत के हसीं और ख़ुशनुमा[13] मोती लुटाते हैं।

जवाँ महताब जब सतहे-फ़लक-पर जगमगाता है,

 मोहब्बत की हसीनो-मरमरीं[14] किरनें लुटाता है।

उरूसे-शाम[15] शरमाती है जब दिन के नज़ारों से,

 मोहब्बत नीची नज़रें बनके गिरती है सितारों से।

---

1. प्रारम्भ 2. पराकाष्ठा 3. वास्तव में 4. तुच्छ 5. वीरान 6.बादशाहों की तरह 7. दिन, रात
8. फूल और सितारे 9. सुबह की 10. चंबेली के केशों पर 11. रंग और सुगंधि 12. पर्वत पर
13. सुन्दर 14. सुन्दर और संगमरमर जैसी 15. संध्या-रूपी दुल्हन

सहर-दम[1] जब घनी शाख़ों में चिड़ियां चहचहाती हैं,

    मोहब्बत की जहाँगीरी के[2] शीरीं[3] गीत गाती हैं।

    मोहब्बत ही ने मुझको दर्से-गुलचीनी[4] सिखाया है!

    और इक मुद्दत से अपने बाग़ का माली बनाया है॥

विदाअ़-ए-शब[5] उठा लाता है पाई[6] बाग़ में मुझको,

    सितारा सुबह का पाता है पाई बाग़ में मुझको।

ख़ुशी की बेख़ुदी[7] बेहद्दो-बेअन्दाज़ा होती है,

    फ़ज़ाओं से लिपट जाने की हसरत ताज़ा होती है।

और उसके बाद मैं होता हूँ और वज्दान का आ़लम[8],

    मोहब्बत, शायरी, एहसास और हैजान का[9] आ़लम।

हुजूमे-गुल में[10] खो जाती हैं अक्सर चाँदनी रातें,

    मेरे माअ़बूद[11] हो जाती हैं अक्सर चाँदनी रातें।

चमन के मस्त नज़्ज़ारे मुझे मसरूर[12] रखते हैं,

    मेरे दिल को गुदाज़े-नग़्मा से[13] माअ़मूर[14] रखते हैं।

असीरे-कैफ़[15] कर देती है ये फूलों की आबादी,

    मुझे ख़ुशबू से भर देती है ये फूलों की आबादी।

---

1. सुबह के समय 2. सार्वभौम सत्ता के, बादशाही के 3. मधुर 4. फूल चुनने का पाठ
5. रात गुज़रते ही 6. साथ के 7. आत्म-विस्मृति या उन्माद 8. अंत:प्रेरणा की स्थिति
9. आवेग या कोलाहल 10. फूलों की बहुतायत में 11. पूज्य 12. उल्लसित 13. संगीत की मृदुलता
से 14. परिपूर्ण 15. आनन्द का बन्दी

शराबे-रंगो-बू[1] ऐसी बरसती है नज़ारों से,

    लिपट जाता हूँ जोशे-बेख़ुदी में[2] शाख़सारों से[3]।

हर-इक लम्हा[4] चमन का नश्शा बन-बनकर गुज़रता है,

    कि हर फूल और सितारा जामे-मस्ती[5] पेश करता है।

इसी आ़लम में याद आती हैं कुछ बीती हुई रातें,

    जवानी की बहारों का लहू पीती हुई रातें।

गुज़श्ता[6] ज़िन्दगी दोहराते हैं यह चाँद, ये तारे,

    समय बचपन के फिर दिखलाते हैं यह चाँद ये तारे।

कहानी-सी कोई दोहराती हैं ये चाँदनी रातें,

    कहाँ से जाके फिर लौट आती हैं ये चाँदनी रातें।

वही हैं चाँद-तारे अब भी और वैसी ही रात अब भी,

    मेरा बचपन नहीं बाक़ी, वही है कायनात[7] अब भी।

मुझे जब यादे-माज़ी[8] हाल से[9] बेज़ार करती है,

    तो मुस्तक़बिल[10] की उम्मीद आके दिल को प्यार करती है।

मोहब्बत की सी कोई चीज़ पैदा दिल में होती है,

    सितारे तोड़ लाने की तमन्ना दिल में होती है।

ख़ुशी के जज़्बे तूफ़ां-से बसा जाते हैं सीने में,

    ज़मीनो-आस्मां आकर समा जाते हैं सीने में।

---

1. रंग और सुगंधि-रूपी मदिरा 2. उन्माद के आवेश में 3. शाखाओं से 4. क्षण 5. मस्ती का प्याला
6. विगत, पिछली 7. ब्रह्माण्ड 8. अतीत की याद 9. वर्तमान से 10. भविष्य

मगर इक दिल समुन्दर का नशेमन[1] बन नहीं सकता,

ज़रा-सा क़तरा तूफ़ानों का मस्कन[2] बन नहीं सकता।

मेरा दिल डूबने लगता है इस अंबारे-अर्माँ से[3],

ये क़िश्ती तहनशीं हो जाती है[4] टकराके तूफ़ां से।

मैं इस धुन में मकानो-लामकां[5] को भूल जाता हूँ,

ख़याले-गुलिस्तां में[6] गुलिस्तां को भूल जाता हूँ।

ग़रज़ क्या पूछती हो मश्ग़ला उल्फ़त के मारों से ?

ये वहशी खेलते रहते हैं फूलों से बहारों से!

और

और इस वहशत में[7] चुनते फिरते हैं हम फूल गुलशन में।

सबा[8] शायद गिरा दे जाकर उनको तेरे दामन में॥

---

1. नीड़, घर 2. निवास स्थान 3. अभिलाषाओं के ढेर (अधिकता) से 4. तह में चली जाती है
5. स्थान, अस्थान को 6. वाटिका के ख़याल में 7. उन्माद में 8. प्रभात समीर

एक नौजवान बुत-तराश* की आरज़ू

इक ऐसा बुत बनाऊं कि देखा करूं उसे!

आसूदा[1] है ख़याल का पैकर[2] बना हुआ,

ख़्वाबे-अदम में[3] मस्त है जौहर[4] बना हुआ।

इक मरमरीं हिजाब से[5] पैदा करूं उसे,

फूलों में जैसे जज़्बा-ए-नकहत निहुफ़्ता हो[6],

या जल्वे बेक़रार हों, अमवाजे-रंग में[7],

या उसकी रूह ख़ुफ़्ता है[8] आग़ोशे-संग में[9]।

ज़ुल्मत में[10] जैसे नूर की[11] सूरत निहुफ़्ता हो,

दिन रात सुबहो-शाम मैं पूजा करूं उसे!

मेरा गुदाज़े-रूह[12] जबीं से[13] मचल पड़े,

उसकी नज़र से जज़्बे-मोहब्बत[14] उबल पड़े।

साज़े-नफ़स को[15] तोड़ के गोया[16] करूं उसे!

फ़न[17] ख़्वाबे-मर्ग[18] बन रहे बुतसाज़ के लिये,

दुनिया पुकारती रहे आवाज़ के लिये!

---

* मूर्तिकार की

1. सन्तुष्ट, सम्पन्न 2. आकार 3. अनस्तित्व के सपने में 4. रत्न 5. संगमरमर के पर्दे (पत्थर) से 6. सुगंधि का मनोभाव निहित हो 7. रंग की लहरों में 8. आत्मा सोई हुई है 9. पत्थर की गोद में 10. अंधेरे में 11. प्रकाश की 12. आत्मा की कोमलता 13. माथे से 14. प्रेमाकर्षण 15. श्वास के साज को 16. बोलने वाला 17. कला 18. मृत्यु का सपना

ऐ इश्क़ हमें बर्बाद न कर

ऐ इश्क़ हमें बर्बाद न कर, हम भूले हुओं को याद न कर,
पहले ही बहुत नाशाद[1] हैं हम, तू और हमें नाशाद न कर,
क़िस्मत का सितम ही कम तो नहीं ये ताज़ा सितम ईजाद न कर,
यूँ ज़ुल्म न कर बेदाद न कर,
ऐ इश्क़ हमें बर्बाद न कर!
जिस दिन से मिले हैं दोनों का सब चैन गया आराम गया,
चेहरों से बहारे-सुबह गई आँखों से फ़रोग़े-शाम[2] गया,
हाथों से ख़ुशी का जाम छुटा होंठों से हँसी का नाम गया,
ग़मगीं न बना नाशाद न कर
ऐ इश्क़ हमें बर्बाद न कर!
रातों को उठ-उठ रोते हैं, रो-रो के दुआयें करते हैं,
आँखों में तसव्वुर[3], दिल में ख़लिश[4] सर धुनते आहें भरते हैं,
ऐ इश्क़! ये कैसा रोग लगा जीते हैं न ज़ालिम मरते हैं,
ये ज़ुल्म तू ऐ जल्लाद न कर,
ऐ इश्क़ हमें बर्बाद न कर!
ये रोग लगा है जब से हमें, रंजीदा[5] हूँ मैं बीमार है वो
हर वक़्त तपिश हर वक़्त ख़लिश, बेख़्वाब[6] हूँ मैं बेदार[7] है वो
जीने से इधर बेज़ार हूँ मैं मरने पे उधर तैयार है वो,
और ज़ब्त कहे फ़रियाद न कर,
ऐ इश्क़ हमें बर्बाद न कर!

---

1. दुःखी 2. संध्या की चमक-दमक 3. कल्पना 4. पीड़ा 5. शोक-संतप्त 6. निद्रा-रहित 7. जाग्रत

बेदर्द ज़रा इन्साफ़ तो कर इस उम्र में और मग़मूम है वो,
फूलों की तरह नाज़ुक है अभी तारों की तरह मासूम है वो,
ये हुस्न सितम, ये रंज, ग़ज़ब, मजबूर हूँ मैं, मज़लूम है वो,
मज़लूम पे यूँ बेदाद न कर,
ऐ इश्क़ हमें बर्बाद न कर!

ऐ इश्क़ ख़ुदा-रा[1] देख कहीं वो शोख़े-हज़ीं[2] बदनाम न हो,
वो माहे-लक़ा[3] बदनाम न हो, वो ज़ोहरा-जबीं[4] बदनाम न हो,
नामूस[5] का उसके पास[6] रहे, वो पर्दा-नशीं बदनाम न हो,
उस पर्दा-नशीं को याद न कर,
ऐ इश्क़ हमें बर्बाद न कर!

वो राज़ है ये ग़म, आह! जिसे पा जाये कोई तो ख़ैर नहीं,
आँखों से जब आँसू बहते हैं, आ जाये कोई तो ख़ैर नहीं,
ज़ालिम है ये दुनिया दिल को यहाँ भा जाये कोई तो ख़ैर नहीं,
है ज़ुल्म मगर फ़रियाद न कर,
ऐ इश्क़ हमें बर्बाद न कर!

दुनिया का तमाशा देख लिया, ग़मगीन सी है बेताब सी है,
उम्मीद यहाँ इक वहम सी है तस्कीन यहाँ इक ख़्वाब सी है,
दुनिया में ख़ुशी का नाम नहीं, दुनिया में ख़ुशी नायाब सी है,
दुनिया में ख़ुशी को याद न कर,
ऐ इश्क़ हमें बर्बाद न कर!

---

1. भगवान के लिए 2. शोकग्रस्त चपल युवती 3. चाँद-सी अनुपम सुन्दरी 4. ज़ोहरा (एक सितारा) के से सुन्दर मुखड़े वाली 5. लोक-लाज 6. ख़याल

ग़ज़लें

1

रात-भर उनका तसव्वुर[1] दिल को तड़पाता रहा

एक नक़्शा सामने आता रहा जाता रहा

सब न मिलने तक की बातें थीं जब आकर मिल गये

सारे शिकवे मिट गये, सारा गिला जाता रहा

इन लबों को[2] ही न था गुस्ताख़ियों का हौसला

हमने माना उम्र भर वो हमको तरसाता रहा

उस हरीमे-नाज़[3] का अब तक न पाया कुछ पता

मुद्दतों कमबख़्त दिल गलियों में बहकाता रहा

ज़िक्रे-राहत[4] क्या कि तस्कीं तक न हासिल हो सकी

गर्चे[5] इक आ़लम[6] हमारे दिल को बहलाता रहा

महफ़िले-जानाँ में[7] सब को अपनी-अपनी फ़िक्र है

कोई 'अख़्तर' से भी पूछे तेरा क्या जाता रहा

---

1. कल्पना 2. होंठों को 3. चार-दीवारी में बन्द रहने वाली (प्रेयसी) 4. आनन्द की चर्चा
5. यद्यपि 6. संसार 7. प्राण (प्रेयसी) की महफ़िल में

2

उनको बुलायें और न वो आयें तो क्या करें

बेकार जायें अपनी दुआयें तो क्या करें

इक ज़ोहरा-वश[1] है आँख के पर्दों में जल्वागर[2]

नज़रों में आस्मां न समाये तो क्या करें

माना कि सब के सामने मिलने से है हिजाब[3],

लेकिन वो ख्वाब में भी न आयें तो क्या करें

हम लाख क़समें खायें न मिलने की, सब ग़लत

वो दूर ही से दिल को लुभायें तो क्या करें

बदक़िस्मतों का याद न करने पे है यह हाल

अल्लाह! गर वो याद न आयें तो क्या करें

नासेह[4]! हमारी तौबा में कुछ शक नहीं मगर

शाना[5] हिलाए आके घटायें तो क्या करें

मैख़ाना दूर, रास्ता तारीक़[6] हम मरीज़

मुँह फेर दें उधर जो हवाएं तो क्या करें

रातों के दिल में याद बसायें किसी की हम

'अख़्तर' हरम में[7] वो न बुलायें तो क्या करें

---

1. ज़ोहरा (एक सितारे का नाम) जैसी (सुन्दर) 2. छब दिखा रही है 3. संकोच 4. उपदेशक
5. कन्धा 6. अंधेरा 7. अंत:पुर में

3

फ़स्ले-गुल[1] आई गई, ग़म कर चुके
  ऐ मोहब्बत, तेरा मातम[2] कर चुके
उनसे मिलने की ही अब तदबीर क्या
  हम जो कर सकते थे हमदम[3] कर चुके
दिल में बाक़ी है अभी तक इक ख़लिश
  गर्चे[4] तौबा इश्क़ से हम कर चुके
बाद मर्दन[5] क्यों हो रंज अहबाब को[6]
  जीते-जी हम अपना मातम कर चुके
अपने क़िस्सों ही से फ़ुर्सत है किसे
  चारा-ए-दिल[7] मेरे हमदम कर चुके
क्यों सलामत[8] है निज़ामे-दो-जहाँ[9]
  अपनी ज़ुल्फ़ों को वो बरहम[10] कर चुके
उम्र भर 'अख़्तर' लुटाये मैकदे[11]
  ज़िन्दा रस्मे-ख़ुसरवो-जम[12] कर चुके

---

1. बसन्त ऋतु 2. शोक 3. साथी 4. यद्यपि 5. मृत्यु के बाद 6. मित्रों को 7. दिल का इलाज 8. ठीक 9. दोनों लोकों की व्यवस्था 10. अस्त-व्यस्त 11. शराबख़ाने 12. जम (बादशाह जमशैद) के पास एक प्याला था जिसमें वह सारे संसार को देख लेता था। अर्थ इस पंक्ति का यह है कि शाहाना ठाठ से जिये।

4

बजा है[1] गो पासे-हश्र[2] हमको, करेंगे पासे-शबाब[3] पहले
हिसाब होता रहेगा या रब, हमें मंगा दे शराब पहले
फ़जा-ए-शब[4] हंस के जगमगाई, वो नाज़नीं[5] सुबह बन के आई
हुआ है रोशन मेरे शबिस्तां में[6] चाँद से आफ़ताब[7] पहले
ज़बाँ पे आया न हर्फ़े-मतलब[8] कि कह गईं कुछ शरीर[9] नज़रें
सवाल करने न पाये हैं हम कि मिल गया है जवाब पहले
जनाँ में[10] पहले-पहल पियेगा तो लड़खड़ाता फिरेगा ज़ाहिद[11]
सरूरे-कौसर की[12] है अगर धुन, जहाँ में[13] पीले शराब पहले
है ख़ुसरवे-इश्क़ का[14] ये फ़र्मा[15] कि दिल लगाना नहीं है आसाँ
जिसे हो कू-ए-बुताँ का[16] अरमाँ वो कू-ब-कू[17] हो ख़राब पहले
ग़मो-अलम, रंजो-यासो-हसरत[18], उठाऊंगा सबके रुख़ से पर्दे
तुम्हें क़सम है दिले-हज़ीं की[19] उठाओ तो तुम निक़ाब पहले
इलाही! वो बू-ए-पैरहन से[20] भी पहले हो हमकिनार[21] आकर
चमन में होता है जल्वा-अफ़रोज फूल से माहताब पहले
निगाह साक़ी की मुस्कराई कहा जब 'अख़्तर' ने अपनी धुन में
पियेंगे पीते रहेंगे मैकश, मगर ये ख़ाना-ख़राब पहले

---

1. उचित है 2. प्रलय का आदर या लिहाज़ 3. यौवन का आदर 4. रात का वातावरण 5. सुन्दरी
6. शयनाग़र में 7. सूरज 8. मनोरथ 9. चंचल 10. जन्नत में 11. तपस्वी 12. जन्नत की एक नहर
(वहाँ की शराब) के सरूर की 13. दुनिया में 14. इश्क़ के बादशाह का 15. राजाज्ञा 16. प्रेयसी
की गली का 17. गली-गली 18. दुःख, निराशा और आकांक्षा 19. दुखित दिल की 20. लिबास
की सुगंधि 21. आलिंगन-बद्ध

5

हसरतों से अपना दामन भर चले
                हाय! इस दुनिया में हम क्या कर चले
कब तलक[1] ये रंजो-ग़म, दर्दो-अलम[2]
                ज़िन्दगी! ओ ज़िन्दगी! हम मर चले
मुख़्तसर सोहबत[3] है साक़ी, जल्द-जल्द
                जाम[4] उठा, मीना[5] बढ़े, साग़र[6] चले
राहतें[7] देखीं जहाँ में[8], रंज भी
                ख़ारो-गुल से[9] अपना दामन भर चले
मुतरिबा[10]! नग़मा कि दिल घबरा गया
                साक़िया! साग़र!! कि ग़म से मर चले

---

1. तक 2. वेदना 3. संगति 4. प्याला 5. सुराही 6. (शराब से भरा) प्याला 7. सुख 8. संसार में
9. काँटों और फूलों से 10. ऐ गायिका

6

याद आओ मुझे लिल्लाह[1]! न तुम याद करो

  मेरी और अपनी जवानी को न बर्बाद करो

हम कभी आयें तेरे घर मगर आयेंगे ज़रूर

  तुम ने ये वादा किया था कि नहीं, याद करो

याद आते हो बहुत दिल से भुलाने वालों

  तुम हमें याद करो, तुम हमें क्यों याद करो

हद है पीने की कि ख़ुद पीरे-मुग़ाँ[2] कहता है

  इस बुरी तरह जवानी को न बर्बाद करो

सद॒क़ें उस शोख़ के 'अख़्तर' मैं, लिखा है जिसने

  इश्क़ में अपनी जवानी को न बर्बाद करो

---

1. ख़ुदा के लिए 2. वयोवृद्ध शराब बेचनेवाला

7

काम आ सकीं न अपनी वफ़ायें तो क्या करें

इक बेवफ़ा को भूल न जायें तो क्या करें

मुझको ये ए'तराफ़[1], दुआओं में है असर

जायें न अर्श[2] पर जो दुआयें तो क्या करें

इक दिन की बात हो तो उसे भूल जायें हम

नाज़िल[3] हों दिल पे रोज़ बलायें तो क्या करें

शब भर तो उनकी याद में तारे गिना किये

तारे से दिन को भी नज़र आयें तो क्या करें

अ़हदे-तरब की[4] याद में रोया किये बहुत

अब मुस्करा के भूल न जायें तो क्या करें

अब जी में है कि उनको भुलाकर ही देख लें

वो बार-बार याद जो आयें तो क्या करें

वा'दे के ए'तबार में तस्कीने-दिल[5] तो है

अब फिर वही फ़रेब न खायें तो क्या करें

तर्के-वफ़ा[6] भी जुर्मे-मोहब्बत[7] सही 'अख़्तर'

मिलने लगें वफ़ा की सज़ायें तो क्या करें

---

1. स्वीकार है (मैं यह मानता हूँ) 2. सातवें आसमान पर, जहाँ ख़ुदा रहता है 3. उतरें (गिरें, टूटें)
4. सुख के ज़माने की 5. मन को संतोष 6. प्रेम का परित्याग 7. प्रेम का अपराध

8

मिसाले-गर्द[1], रवां[2] मेरे रहगुज़र में हैं

    वो जल्वे जो महो-नाहीद की[3] नज़र में हैं

किसी को कूच का फ़र्मा[4] किसी को हुक्मे-क़याम[5]

    तेरे जहाँ में हैं या रब या हम सफ़र में हैं

तेरे ही जाम का साक़ी मुझे सुरूर नहीं

    कुछ और जाम भी रक़्साँ[6] मेरी नज़र में हैं

किसे है फ़ुर्सते-फ़िक्रे-हयात[7] बादे-फ़ना[8]

    मगर यह नाज़ कि इक शोख़ की नज़र में हैं

जो आँसुओं में न ज़ाहिर हों उम्र भर 'अख़्तर'

    निहाँ[9] कुछ ऐसे भी तूफ़ान चश्मे-तर में[10] हैं

---

1. गर्द की तरह 2. गतिशील 3. चाँद सितारों की 4. आदेश 5. ठहरने का हुक्म 6. नृत्यशील
7. जीवन के सम्बन्ध में सोचने या जीवन की चिन्ता की फ़ुर्सत 8. मृत्यु के बाद 9. निहित
10. सजल नेत्रों में

9

दिलो-दिमाग़ को रो लूँगा, आह कर लूँगा

    तुम्हारे इश्क़ में सब कुछ तबाह कर लूँगा

अगर मुझे न मिलीं तुम, तुम्हारे सर की क़सम

    मैं अपनी सारी जवानी तबाह कर लूँगा

जो तुम से कर दिया महरूम[1] आस्मां[2] ने मुझे

    मैं अपनी ज़िन्दगी सर्फ़े-गुनाह[3] कर लूँगा

सवाब[4] के लिए हो जो गुनह वो ऐन[5] सवाब

    ख़ुदा के नाम पे भी इक गुनाह कर लूँगा

हरीमे-हज़रते-सलमा की सिम्त[6] जाता हूँ

    हुआ न ज़ब्त तो चुपके से आह कर लूँगा

किसी हसीना के मासूम इश्क़ में 'अख़्तर'

    जवानी क्या मैं सब कुछ तबाह कर लूँगा

---

1. वंचित 2. आकाश ने, ख़ुदा ने, काल चक्र ने, संसार ने 3. गुनाह की भेंट 4. पुण्य 5. बिलकुल
6. सलमा के घर (की चार-दीवारी) की ओर

10

ये मय छलक के भी उस हुस्न को पहुँच न सकी
ये फूल खिल के भी उनका शबाब[1] हो न सका
है जाम ख़ाली तो फीकी है चाँदनी कैसी
ये सैले-नूर[2], सितम है, शराब हो न सका
कुछ ऐसे रहम के क़ाबिल थे इब्तिदा[3] ही से हम
कि उनसे भी सितमे-बेहिसाब[4] हो न सका

11

मोहब्बत की दुनिया में मशहूर कर दूं
    मेरी सादा-दिल तुझ को मग़रूर कर दूं
मुझे ज़िन्दगी दूर रखती है तुझ से
    जो तू पास हो तो उसे दूर कर दूं
मोहब्बत के इक़रार से शर्म कब तक
    कभी सामना हो तो मजबूर कर दूं
तू गर सामने हो तो मैं बेख़ुदी में
    सितारों को सिज्दे पे मजबूर कर दूं
नहीं ज़िन्दगी को वफ़ा, वर्ना 'अख़्तर'
    मोहब्बत से दुनिया को मामूर कर दूं

---

1. यौवन 2. प्रकाश की बाढ़ 3. शुरू 4. बेहिसाब (असीम) अत्याचार

12

तमन्नाओं को ज़िन्दा, आरज़ूओं को जवां कर लूँ

ये शर्मीली नज़र कह दे तो कुछ गुस्ताख़ियां कर लूँ

बहार आई है बुलबुल दर्दे-दिल कहती है फूलों से

कहो तो मैं भी अपना दर्दे-दिल तुम से बयाँ कर लूँ

किसे मालूम कब किस वक़्त किस पर गिर पड़े बिजली

अभी से मैं चमन में चलके आबाद आशियां[1] कर लूँ

मुझे दोनों जहाँ में एक वो मिल जायें गर 'अख़्तर'

तो अपनी हसरतों को बेनियाज़े-दो-जहाँ[2] कर लूँ

---

1. घोंसला, घर 2. दोनों लोकों से उदासीन (बेपरवा)

13

वो कहते हैं रंजिश की[1] बातें भुला दें
    मोहब्बत करें, खुश रहें, मुस्करा दें
जवानी हो गर जाविदानी[2] तो या रब
    तेरी सादा दुनिया को जन्नत बना दें
शबे-वस्ल की[3] बेख़ुदी[4] छा रही है
    कहो तो सितारों की शम्मएं बुझा दें
वो आयेंगे आज ऐ बहारे-मोहब्बत[5]
    सितारों के बिस्तर पे कलियाँ बिछा दें
बनाता है मुँह तल्ख़ी-ए-मय से[6] ज़ाहिद[7]
    तुझे बाग़े-रिज़वाँ से[8] कौसर[9] मंगा दें
तुम अफ़साना-ए-क़ैस[10] क्या पूछते हो
    इधर आओ हम तुमको लैला बना दें
उन्हें अपनी सूरत पे यूं नाज़ कब था
    मेरे इश्क़े-रुसवा को[11] 'अख़्तर' दुआ दें

---

1. मन-मुटाव की 2. अमर 3. मिलन की रात की 4. आत्म-विस्मृति 5. प्रेम का वसन्त 6. शराब की कड़वाहट से 7. विरक्त 8. जन्नत के बाग़ से 9. जन्नत की एक नहर का नाम (वहाँ की शराब) 10. मजनूं की कहानी 11. बदनाम इश्क़

14

किसकी आँखों का लिये दिल पे असर जाते हैं
मयकदे[1] हाथ बढ़ाते हैं, जिधर जाते हैं
दिल में अरमाने-विसाल[2], आँख में तूफ़ाने-जमाल[3]
होश बाक़ी नहीं जाने का, मगर जाते हैं
भूलती ही नहीं दिल को तेरी मस्ताना निगाह
साथ जाता है ये मयख़ाना, जिधर जाते हैं
पासबाने-हया[4] सब क्या हुए ऐ दौलते-हुस्न[5]
हम चुरा कर तेरी दुज़दीदा नज़र जाते हैं
पुरसिशे-दिल[6] तो कुजा[7] ये भी न पूछा उसने
हम मुसाफ़िर किधर आये थे, किधर जाते हैं

---

1. मधुशालाएँ 2. मिलन की अभिलाषा 3. सौन्दर्य का तूफ़ान 4. लज्जा के रखवाले 5. सुन्दरता की दौलत 6. दिल के हाल की पूछताछ 7. कहाँ

15

दर[1] है न आस्तां[2], न हरम[3] है न बुतकदा[4]
या रब मचल पड़ी है हमारी जबीं[5] कहाँ
सूरज की सब से पहली किरन ख़ुशनुमा[6] सही
लेकिन तेरी नज़र की तरह दिलनशीं[7] कहाँ
आँखों ने ज़र्रे-ज़र्रे पे सिज्दे लुटाये हैं
क्या जाने जा छुपा मेरा पर्दानशीं[8] कहाँ
कौसर[9] पिला के हमसे न हूरें करें मज़ाक़
हम रिंदे-तल्ख़नोश[10] कहाँ, अंगबीं[11] कहाँ

---

1. दरवाज़ा 2. चौखट 3. काबे की चार-दीवारी या मस्जिद 4. मन्दिर 5. माथा 6. सुन्दर
7. हृदयाकर्षक 8. पर्दे में रहने वाली 9. जन्नत की एक शराब का नाम 10. कड़वी या तेज शराब
पीने वाले मद्यप 11. शहद या अमृत

फुटकर शे'र

शब को पहलू में जो वो माहे-सियाह-पोश[1] आया
होश को इतनी ख़बर है कि न फिर होश आया

मुझे मय-ख़ाना थर्राता हुआ महसूस होता है
वो मेरे सामने शर्मा के जब पैमाना रखते हैं

वो इश्क़-पेशा[2] हूँ मैं जिसके जवान नग़्मे
गाता है चाँदनी में हर नौजवाने-सहरा[3]

मोहब्बत इस तरह मालूम हो जाती है दुनिया को
कि ये मालूम होता है, नहीं मालूम होती है

तुम अपना आस्तां[4] अच्छी तरह पहचान सकते हो
हमें तो ये हमारी ही जबीं[5] मालूम होती है

दो चाँद हैं पहलू में अब चाँद कहें किसको
साक़ी को अगर कह दें पैमाने को क्या कहिये

दुनिया की सैर करने को ठहरे नहीं हैं हम
दम ले लिया है मंज़िले-दुश्वार[6] देखकर

---

1. काले वस्त्रों में चाँद 2. प्रेमी 3. मरुस्थलों में भटकने वाले नौजवान (प्रेमी) 4. चौखट 5. माथा
6. कठिन मंज़िल

उसके अ॒हदे-शबाब में[1] जीना
जीने वालों तुम्हें हुआ क्या है

उनकी सोहबत[2] का तसव्वुर[3] और हम
ज़िन्दगी धोखा थी कुछ दिन के लिये

मर गये हम आख़िर को इस तरह भी क्या जीते
ज़िन्दगी का हर लम्हा[4] मौत का फ़साना था

उठते नहीं हैं अब तो दुआ॒ के लिये भी हाथ
इस दर्जा नाउमीद हैं पर्वर्दिगार[5] से

चमन में बादा-ए-गुल ने[6] अजब धोखा दिया मुझको
कि मैंने शौक़े-मैनोशी में[7] काँटों पर ज़बाँ रख दी

क्यों सबा[8] आये तेरे कूचे में
फिरने वाली हज़ारहा घर की

मेरी तनहाई की तौहीन न होती या रब
कोई आँसू मेरी आँखों का सहारा होता

---

1. यौवनकाल में 2. संगत 3. कल्पना 4. क्षण 5. पालक, ईश्वर 6. फूलों की शराब (ओस) ने
7. शराब पीने के शौक़ में 8. प्रभात-समीर

मिट चले मेरी उमीदों की तरह हर्फ़[1] मगर
आज तक तेरे ख़तों से तेरी ख़ुशबू न गई

किया ऐ हैरते-नज़्ज़ारा[2] आख़िर तूने शर्मिन्दा
शिकायत कर रहे हैं जल्वा-हाए-रायगां[3] हम से

ग़ैरत[4] ऐ जोशे-मोहब्बत, हुई तौहीने-शबाब[5]
पारसा[6] कहके किसी बुत ने मुझे याद किया

मसर्रत[7]! आह, तू बस्ती है किन सितारों में
ज़मीं पे उम्र हुई तेरी जुस्तजू करते

रोता है बात-बात पे यूँ बार-बार क्यों
'अख़्तर' ख़बर नहीं दिले-नादां को क्या हुआ

आँसू न थम सके मेरी चश्मे-उमीद के[8]
कितने ही मौसम आये और आकर चले गये

वो फूल हूँ जो खिला हो ख़िज़ाँ के मौसम में
तमाम उम्र मुझे हसरते-बहार[9] रही

---

1. अक्षर 2. दृश्य के आश्चर्य 3. व्यर्थ गए जल्वे (दर्शन) 4. लज्जित हो 5. यौवन का अनादर
6. संयमी, स्वच्छात्मा 7. ख़ुशी 8. आशा की आँख के 9. वसन्त ऋतु की लालसा

सॉनेट

सॉनेट
बीवी से

क्या कहा ''आप तो परदेस में आराम से हैं
आपकी जान से दूर आप परीशाँ क्यों हों
हम ग़रीबों की तरह मुज़्तर-ओ-गिरियां[1] क्यों हों
मुत्मइन आप तो हर फ़िक्र, हर अंजाम से हैं।''

लेकिन ऐ जाने-वफ़ा, कुछ तुझे मालूम भी है?
तेरी जुल्फ़ों की तरह कितना परीशाँ हूँ मैं?
अब्र की[2] तरह तेरी याद में गिरियाँ हूँ मैं।
मुत्मइन कहती है तू जिसको वो मग़मूम[3] भी है।

लेकिन इतना कि तुझ से नहीं कहता ग़मे-दिल,
शोला-ए-दर्द को सीने में छुपा रक्खा है।
कुलजुमे-अश्क को[4] आँखों में छुपा रक्खा है।
वर्ना इस हाल में ख़ामोश न रहता ग़मे-दिल।

तुझसे कह दूँ तो तेरे दिल पे मलाल[5] आता है।
आबगीने की[6] नज़ाकत का ख़याल आता है।।

---

1. आतुर और रुदित 2. बादल की 3. दुःखी 4. आँसुओं के समुद्र को 5. दुःख, कष्ट 6. पानी के बुलबुले की

तासीर[1]

मैंने इक नग़्मा सुनाया था तेरी महफ़िल में,

ऐसी हालत में कि था साज़ शिकस्ता[2] मेरा,

यानी तारे-नफ़स[3], आवाज़े-शिकस्ता मेरा,
दिल का ख़ूँ आँख में था, आँख के आँसू दिल में।

मैंने देखा कि तेरे दिल पे असर तक न हुआ,

मेरी फ़रियादे-हज़ीं[4] ख़्वाबे-परीशां[5] ही रही,

दिल में उम्मीद जो थी यास-बदामां[6] ही रही,
रहम का तेरी निगाहों में गुज़र तक न हुआ।

साज़ को फैंक दिया, या दिले-ग़मगीं[7] मैंने,

उसके तारों ने कभी फिर न सुनाये नग़्मे,

नाउमीदी से कभी लब पे[8] न आये नग़्मे,
गर्चे[9] कितने ही लिखे नग़्मा-ए-ख़नीं[10] मैंने।

आज हैरत, मगर ऐ जाँ मुझे इस राज़ पे है।

अपनी आवाज़ का धोका तेरी आवाज़ पे है।

---

1. प्रभाव, फल 2. टूटा हुआ 3. श्वासों का तार 4. दुःख-भरी फ़रियाद 5. दुःखपूर्ण सपना
6. निराशा-युक्त 7. दुःखी दिल 8. होंठों पर 9. यद्यपि 10. ख़ूनी गीत

रहट की आवाज़ सुनकर

उम्रे-रफ़्ता की[1] सदा[2] आती है आवाज़ के साथ।

आह ये नग़्मा-ए-बेताब-ओ-हज़ीं[3] कैसा है?

वक़्त की आँख में ये ख़्वाबे-हसीं[4] कैसा है?

जैसे मिज़राब[5] शिकस्ता[6] हो किसी साज़ के साथ।

आह ये बच्चे, ये मासूम ये नादां रूहें,

जैसे आवाज़ की जन्नत में हों तारे रोशन।

शफ़क़े-शाम में[7] फूलों के सितारे रोशन।

जांफ़ज़ा[8] खेत में दहक़ान की[9] दहक़ा रूहें।

कोई सीमीं-सी नवा[10] है किसी आहंग के[11] बाद,

कोई शीरीं-सी[12] अदा है जो सताती है मुझे।

आ़लमे-ख़ुल्द का[13] अफ़साना सुनाती है मुझे।

जैसे रोई हुई आँखें हों किसी जंग के बाद।

अपनी हर आह के हमराह तू रोने दे मुझे।

रहम कर अपनी इस आवाज़ में खोने दे मुझे।

---

1. बीती आयु की 2. आवाज़ 3. शोकातुर और व्याकुल नग़्मा 4. सुन्दर सपना 5. सितार बजाने के लिए उंगली में पहनने का छल्ला 6. टूटा हुआ 7. संध्या की लालिमा 8. मन को प्रसन्न करने वाला 9. किसान की 10. आवाज़ 11. आलाप के 12. मधुर-सी 13. स्वर्गलोक का

राहते-रफ़्ता[1]

तुझे क्यों राहते-रफ़्ता की याद आती है रह-रह कर ?
        मेरे नादान दिल कुछ तो बता ये माजरा क्या है ?
        पुराने क़िस्से दोहराने से आख़िर फ़ायदा क्या है ?
बता माज़ी की[2] धुन क्यों इतना तड़पाती है रह-रह कर ?

किसी का हाल दुनिया में कभी यकसाँ[3] नहीं रहता,
        ज़माने में तग़य्युर[4] ही तग़य्युर की हुकूमत है,
        तग़य्युर अस्ले-हस्ती[5] है, तग़य्युर अस्ले-फ़ितरत[6] है,
तग़य्युर हो न जिस इन्साँ में, वो इन्साँ नहीं रहता।

ख़िज़ां के बाद आती हैं बहारें बाग़े-आलम में[7],
        बहारें ख़त्म होने पर ख़िजाँ का दौर आता है,
        चमन रोता है इक दिन दूसरे दिन मुस्कराता है,
ग़रज़ उम्रें गुज़र जाती हैं यूँ शादी-ओ-मातम में!

        बुलाकर राहते-रफ़्ता को[8] ला सकता नहीं ऐ दिल!
        तू अपने रंज को राहत बना सकता नहीं ऐ दिल!

---

1. बीता सुख 2. अतीत की 3. समान 4. परिवर्तन 5. जीवन की वास्तविकता 6. प्रकृति की वास्तविकता 7. संसार-रूपी वाटिका में 8. बीते सुख को

मरने के बाद

चमनज़ार[1]   शादाबो-ख़न्दां[2]   रहेंगे,

दरख़्तों पे[3] तायर[4] ग़ज़ल-ख़्वां रहेंगे,

फ़ज़ाओं में[5] बादल पर-अफ़शां[6] रहेंगे,

मगर हम तहे-ख़ाक[7] पिनहां[8] रहेंगे।

घटायें गुलिस्ताँ पे छाया करेंगी,

फ़ज़ायें युँही लहलहाया करेंगी,

दरख़्तों के दामन गुल-अफ़शाँ[9] रहेंगे,

मगर हम तहे-ख़ाक पिनहां रहेंगे।

चमन की फ़ज़ायें महकती रहेंगी,

सबा के[10] असर से लहकती रहेंगी,

गुलो-ग़ुंचा-ओ-बर्ग[11] रक़्साँ रहेंगे,

मगर हम तहे-ख़ाक पिनहां रहेंगे।

ये शहर और देहात बसते रहेंगे,

सदाओं से मा'मूर रस्ते रहेंगे,

बपा ज़िन्दगानी के तूफ़ां रहेंगे,

मगर हम तहे-ख़ाक पिनहां रहेंगे।

घटायें युँही घिर के आया करेंगी,

युँही बुलबुलें गीत गाया करेंगी,

---

1. वाटिकाएं 2. हरे-भरे और प्रफुल्लित 3. वृक्षों पर 4. पक्षी 5. वातावरण में 6. पंख फैलाये
7. मिट्टी के नीचे 8. छुपे हुए 9. फूल बिखेरते 10. प्रभात समीर के 11. फूल, कलियाँ और पत्ते

युँही गुलिस्तां गुलबदामाँ रहेंगे,

      मगर हम तहे-ख़ाक पिनहां रहेंगे।

उरूसे-सहर[1] रोज़ आया करेगी,

      फ़ज़ा नूर से जगमगाया करेगी,

मनाज़र[2] सहरख़ेज़-ओ-ख़न्दां[3] रहेंगे,

      मगर हम तहे-ख़ाक पिनहां रहेंगे।

ये रातें युँही झिलमिलाया करेंगी,

      सितारों की शम्मएं जलाया करेंगी,

सरे-चख़ॅ[4] रोशन चिराग़ां[5] रहेंगे

      मगर हम तहे-ख़ाक पिनहां रहेंगे।

कुहिस्तां से[6] चश्मे उबलते रहेंगे,

      सरे-राह[7] मोती पिघलते रहेंगे,

ये सैलाबे-सीमीं[8] ख़रामां[9] रहेंगे,

      मगर हम तहे-ख़ाक पिनहां रहेंगे।

ग़रज़ ये ख़ुदाई के रंगीं नज़ारे

      ये शामो-सहर के बहारीं[10] नज़ारे,

ख़रामान-ओ-रख़्शां-ओ-रक़्साँ[11] रहेंगे,

      मगर हम तहे-ख़ाक पिनहां रहेंगे।

❑

---

1. सुबह-रूपी दुल्हन 2. दृश्य 3. जादू-भरे और कुसुमित 4. आकाश पर 5. दीपावली (आकाश पर सितारे चमकते रहेंगे) 6. पर्वतीय प्रदेश से 7. रास्ते में 8. रजत बाढ़ 9. गतिमान 10. बहारों के (वसन्ती) 11. गतिमान, दीप्त और नृत्यशील

परिशिष्ट

अख़्तर शीरानी से चंद मुलाक़ातें
सआदत हसन मंटो

अदब की दुनिया में इने-गिने लोग ही होंगे, जिन्हें मंटो ने इज़्ज़त और संजीदगी से याद किया। उन्हीं में एक अख़्तर शीरानी थे। मंटो उन्हें एक अर्थ में अपना उस्ताद मानते थे। यहाँ पेश है अख़्तर शीरानी से जुड़ा मंटो का एक यादनामा।

ख़ुदा मालूम कितने बरस गुज़र चुके हैं। हाफ़िज़ा इस क़द्र कमज़ोर है कि नाम, सन् और तारीख़ कभी याद नहीं रहते—अमृतसर में ग़ाज़ी अब्दुर्रहमान साहब ने एक रोज़ाना पर्चा 'मसावात' जारी किया। उसकी इदारत के लिए बारी अलीग मरहूम और अबुलआला चिश्तीउसहाफ़ी हाजी लक़लक़ बुलाए गए—उन दिनों मेरी आवारागर्दी मैराज पर थी। बेमक़सद सारा दिन घूमता रहता था। दिमाग़ बेहद मुंतशिर था। उस वक़्त तो मैंने महसूस नहीं किया था लेकिन बाद में मालूम हुआ कि यह दिमाग़ी इंतिशार मेरे लिए कोई रास्ता तलाश करने के लिए बेताब था।

जीजे (असली नाम 'अज़ीज़') के होटल 'शीराज़' में क़रीब-क़रीब हर रोज़ गपबाज़ी की महफ़िल जमती थी। बाला, अनवर पेंटर, आशिक़ फ़ोटोग्राफ़र, फ़क़ीर हुसैन सलीस और एक साहब, जिनका नाम मैं भूल गया हूँ, बाक़ाइदगी के साथ इस महफ़िल में शरीक होते थे। हर क़िस्म के मौज़ू ज़ेरे-बहस लाए जाते थे। बाला बड़ा ख़ुश-गो और बज़्लासंज नौजवान था। अगर वह ग़ैरहाज़िर होता तो महफ़िल सूनी रहती। शे'र भी कहता था। उसका एक शे'र अभी तक मुझे याद है :

अश्क मिज़्गाँ पे है अटक-सा गया।
नोक-सी चुभ गई है छाले में

जीजे से लेकर अनवर पेंटर तक सब मौसीक़ी और शायरी से शग़फ़ रखते थे। वह साहब, जिनका नाम मैं भूल गया था, कैप्टिन वहीद थे। नीली-नीली आँखों वाले, लम्बे-तगड़े, मज़बूत जिस्म। आपका महबूब मश्ग़ला गोरों से लड़ना था। चुनांचे कई गोरे उनके हाथों पिट चुके थे। अंग्रेज़ी बहुत अच्छी बोलते थे और तबला माहिर तबलचियों की तरह बजाते थे।

उन दिनों जीजे के होटल में एक शायर अख़्तर शीरानी की बहुत चर्चा थी। क़रीब-क़रीब हर महफ़िल में उसके अशआर पढ़े या गाए जाते थे। जीजा आमतौर पर 'मैं अपने इश्क़ में सब कुछ तबाह कर लूँगा' गाया करता था। यह नए क़िस्म का जज़्बा सबके ज़ेहन पर मुसल्लत हो गया था। माशूक़ को जो धमकी दी गई थी, सबको बहुत पसंद आई थी।

जीजा तो अख़्तर शीरानी का दीवाना था। काउंटर के पास खड़ा गाहक से बिल वसूल कर रहा है और गुनगुना रहा है: 'ऐ इश्क़ कहीं ले चल।' मुसाफ़िरों को कमरे दिखा रहा है और ज़ेरे-लब गा रहा है: 'क्या बिगड़ जाएगा, रह जाओ यहीं रात की रात।'

आशिक़ फ़ोटोग्राफ़र की आवाज़ गो बहुत पतली थी, लेकिन वह 'ऐ इश्क़ कहीं ले चल' बड़े सोज़ से गाया करता था। मैंने जब भी उसके मुँह से यह नज़्म सुनी, मुझ पर बहुत असर हुआ। उस ज़माने में चूँकि तबीयत में इंतिशार था, इसलिए यह नज़्म मुझे अपने कन्धों पर उठाकर दूर, बहुत दूर अनदेखे जज़ीरों में ले जाती थी।

इतना ज़माना बीत चुका है मगर वह कैफ़ियत, जो उस वक़्त मुझ पर तारी होती थी, मैं अब भी महसूस कर सकता हूँ—अजीबो-गरीब कैफ़ियत थी। जीजे के होटल के बहुत अन्दर अँधेरी मगर ठंडी कोठरी में बैठा मैं यूँ महसूस करता : कश्ती में बैठा हूँ। परियाँ उसे खे रही हैं। नाज़ुक-नाज़ुक परोंवाली परियाँ। रात का वक़्त है, इसलिए मुझे उन परियों का सिर्फ़ साया-सा नज़र आता है। समंदर पुर-सुकून है। कश्ती हिलकोरे खाए बग़ैर चल रही है, किसी नामालूम मंज़िल की तरफ़। पापों की बस्ती बहुत पीछे रह गई है। हम दीनवी शोरो-ग़ुल से हज़ारों मील आगे बढ़ गए हैं...

जीजे के होटल में कुछ अर्से के बाद बारी साहब और चिश्ती साहब का आना-जाना भी शुरू हो गया। दोनों खाना खाते या चाय पीते और चले

जाते। मगर जब जीजे को मालूम हुआ कि वह अख़बारी आदमी हैं तो फ़ौरन उनसे बेतकल्लुफ़ मरासिम पैदा कर लिए। बारी साहब अख़्तर शीरानी के कलाम से वाकिफ़ थे लेकिन ज़ाती तौर पर शायर को न जानते थे। चिश्ती साहब एक मुद्दत के बाद बग़दाद और मिस्र वग़ैरा की सैयाहत के बाद ताज़ा-ताज़ा वापस आए थे, इसलिए वह यहाँ के शोरा के मुतअल्लिक़ कुछ नहीं जानते थे। फिर भी जब उन्होंने जीजे से अख़्तर शीरानी का कलाम सुना तो बहुत मुतास्सिर हुए।

इस दौरान में बारी साहब के साथ मैं घुलमिल गया। उनकी संजीदगी और मतानत भरी जराफ़त मुझे बहुत पसंद आई। मेरे ज़ेहनी इंतिशार को भाँपकर उन्होंने मुझे सहाफ़त की तरफ़ माइल किया और आहिस्ता-आहिस्ता अदब से रूशनास कराया—पहले मैं तीर्थराम फ़िरोज़पुरी के नाविल पढ़ा करता था, अब बारी साहब की वजह से आस्कर वाइल्ड और विक्टर ह्यूगो मेरे ज़ेरे-मुताला रहने लगे। ह्यूगो मुझे बहुत पसंद आया। बाद में मैंने महसूस किया कि फ्रांसीसी मुसन्निफ का खतीबाना अंदाज़ बारी साहब की तहरीरों में मौजूद है। आजकल मैं जो कुछ भी हूँ, उसको बनाने में सबसे पहला हाथ बारी साहब का है। अगर अमृतसर में उनसे मुलाकात न होती और मुतवातिर तीन महीने मैंने उनकी सुहबत में न गुज़ारे होते तो यक़ीनन मैं किसी और ही रास्ते पर गामज़न होता।

चूँकि अब मैं किसी हद तक अदब से रूशनास हो चुका था, इसलिए मैंने अख़्तर शीरानी के कलाम को एक नए ज़ाविए से देखना शुरू किया। उनकी शायरी हल्की-फुल्की और रूमानी थी। मैं अब ग़ौर करता हूँ तो अख़्तर शीरानी मुझे कॉलिज के लड़कों का शायर मालूम होता है। एक ख़ास उम्र के नौजवानों का शायर, जिनके दिलो-दिमाग़ पर हर वक़्त रूमान की मकड़ी महीन-महीन जाले तनती रहती है। मुझे इस वादी में क़दम रखे ज्यादा देर न हुई थी कि एक दोस्त से मालूम हुआ, अख़्तर शीरानी आए हुए हैं और 'शीराज़ होटल' में ठहरे हैं। उसी वक़्त वहाँ पहुँचा मगर मालूम हुआ कि वह जीजे के साथ कहीं बाहर गए हैं। देर तक होटल में बैठा इंतिज़ार करता रहा मगर वे लोग वापस न आए।

शाम को पहुँचा तो होटल के सिंधी बावर्ची ने कहा कि सब ऊपर कोठे पर बैठे हैं—धड़कते हुए दिल के साथ मैं ऊपर गया। छिड़काव करके चारपाइयाँ बिछाई गई थीं। कुछ कुर्सियाँ भी थीं। देसी शराब का दौर चल रहा

था। दस-बारह आदमी बैठे थे, जो मेरे-जाने पहचाने थे। सिर्फ़ एक सूरत अजनबी थी और वह अख़्तर शीरानी की थी। चपटा चेहरा, सपाट पेशानी, मोटी नाक, मोटे होंठ, गहरा साँवला रँग, छिदरे बाल, आँखें बड़ी-बड़ी और पुर-कशिश। उनमें थोड़ी-सी उदासी भी थी—बड़ी शुस्ता व रफ़्ता उर्दू में हाज़िरीन से गुप्तुगू कर रहे थे।

मैं पास पहुँचा तो बाले ने उनसे मेरा तआरुफ़ कराया। बड़ी ख़ंदा-पेशानी से पेश आए और मुझसे बैठने के लिए कहा। मैं चारपाई के पास कुर्सी पर बैठ गया। इसके बाद अख़्तर साहब जीजे से मुख़ातिब हुए: ''अज़ीज़, इनके लिए गिलास मँगवाओ।''

गिलास आया तो अख़्तर साहब ने मुझे एक पैग बनाकर दिया जो मैंने शुक्रिए के साथ क़ुबूल किया। दो-तीन दौर हुए तो किसी ने अख़्तर साहब से अपना कलाम सुनाने की फ़रमाइश की। इस पर उन्होंने कहा: ''नहीं भाई, मैं कुछ नहीं सुनाऊँगा...मैं सुनूँगा।'' फिर जीजे से मुख़ातिब हुए: ''अज़ीज़, सुनाओ रसीली अँखड़ियों से नींद बरसाते हुए आना।'' यह कहा और एक ठंडी साँस ली, जैसे बीते हुए लम्हात याद आ गए हों। जीजे को मजाले-इनकार नहीं थी। गला साफ़ किया और अख़्तर साहब की एक मशहूर ग़ज़ल गानी शुरू कर दी। सुर-ताल सब ठीक मगर आवाज़ फटी-फटी-सी थी। फिर भी रँग जम गया। अख़्तर साहब पीते रहे और झूमते रहे।

दूसरे रोज़ दोपहर के वक़्त मैं शीराज़ होटल में बैठा अख़्तर साहब का इंतिज़ार कर रहा था—वह किसी दावत पर गए थे—कि एक बुर्क़ापोश ख़ातून ताँगे में आईं। आपने एक मुलाज़िम से अख़्तर साहब के बारे में पूछा। उसने कहा: ''कहीं बाहर तशरीफ़ ले गए हैं। आप अपना नाम बता दीजिए।'' बुर्क़ापोश ख़ातून ने अपना नाम न बताया और चली गई।

अख़्तर साहब आए तो मैंने उस ख़ातून की आमद का ज़िक्र किया। आपने बड़ी शायराना दिलचस्पी से सारी बात सुनी और मुस्करा दिए। यूँ वह ख़ातून एक इस्रार-सा बन गई। खाना खाने से पहले शाम को जब ठर्रे का दौर शुरू हुआ तो जीजे ने उस बुर्क़ापोश ख़ातून के मुताल्लिक़ अख़्तर साहब से पूछा: ''हज़रत वह कौन थीं जो आज दोपहर को तशरीफ़ लाई थीं।''

अख़्तर साहब मुस्कुराए और जवाब गोल कर गए—बाले ने उनसे कहा: ''कहीं सलमा साहिबा तो नहीं थीं?''

अख़्तर साहब ने हौले से बाले के गाल पर तमाचा मारा और सिर्फ़ इतना कहा: ''शरीर।''

बात और भी ज़्यादा पुरइसरार हो गई जो आज तक सीग़्ए-राज़ में है। मालूम नहीं, वह बुर्क़ापोश ख़ातून कौन थीं। उस ज़माने में सिर्फ़ इतना मालूम हुआ था कि अख़्तर साहब के जाने के बाद वह एक बार फिर शीराज़ होटल आई थी और अख़्तर साहब के बारे में उसने पूछा था कि कहाँ हैं।

सब बारी-बारी अख़्तर साहब की दावत कर चुके थे, वहीं शीराज़ होटल में। दावत देने का यह तरीक़ा था कि दिन और रात में ठर्रे की जितनी बोतलें ख़त्म हों, उनके दाम अदा कर दिए जाएँ। मैंने यह तरीक़ा भोंडा समझा और दो बोतलें स्कॉच व्हिस्की की लेकर एक शाम वहाँ पहुँचा। एक बोतल पर से काग़ज़ हटाया तो अख़्तर साहब ने कहा: ''भाई, यह तुमने क्या किया। देसी शराब ठीक रहती। एक के बदले दो आ जातीं।''

मैंने अर्ज़ की: ''अख़्तर साहब, यह ख़त्म हो जाये तो दूसरी मौजूद है।'' अख़्तर साहब मुस्कुराये, ''वह खत्म हो गई तो।''

मैंने कहा : ''और आ जाएगी।''

आपने मेरे सर पर हाथ फेरा : ''ज़िंदा रहो।''

दोनों बोतलें ख़त्म हो गईं। मैंने महसूस किया कि अख़्तर साहब स्कॉच से मुत्मइन नहीं थे। चुनांचे मुलाज़िम से अमृतसर डिस्टिलरी की कशीद कर्दा ठर्रे की एक बोतल मँगवाई। उसने अख़्तर साहब के नशे में जो ख़ाली जगहें थीं, पुर कर दीं।

चूँकि यह महफ़िलें ख़ालिस अदबी नहीं थीं और उनके पीछे वह अकीदत थी, जो उन लोगों को अख़्तर साहब से थी, इसलिए ज़्यादातर उन्हीं का कलाम पढ़ा, या गाया जाता। शे'रो-सुखन के मुतअल्लिक़ कोई बसीरत अफ़रोज़ बात न होती। लेकिन अख़्तर साहब की गुफ़्तुगुओं से मैंने इतना अंदाज़ा लगा लिया था कि उर्दू शायरी पर उनकी नज़र बहुत वसी है।

चंद रोज़ के बाद मैंने घर पर अख़्तर साहब की दावत की, मगर यह सिर्फ़ चाय की थी जिसमें अख़्तर साहब जैसे रिंदे-बलानोश को कोई दिलचस्पी नहीं थी, लेकिन उन्होंने क़ुबूल की और मेरी ख़ातिर एक प्याली चाय भी पी।

उन महफ़िलों में बारी साहब बहुत कम शरीक हुए। अलबत्ता चिश्ती साहब, जो पीने के मामले में अख़्तर साहब से चंद पैग आगे ही थे, अक्सर

उन महफ़िलों में शरीक होते और अपना कलाम भी सुनाते, जो आमतौर पर बेरूह होता था।

अख़्तर साहब ग़ालिबन दस दिन अमृतसर में रहे। इस दौरान में जीजे के पैहम इस्रार पर आपने शीराज़ होटल पर एक नज़्म कही। जीजे ने उसे बारी साहब की वसातत से बड़े काग़ज़ पर ख़ुशख़त लिखवाया और फ्रेम में जड़वाकर अपने होटल की ज़ीनत बनाया। वह बहुत ख़ुश था, क्योंकि नज़्म में उसका नाम मौजूद था।

अख़्तर साहब चले गए तो जीजे के होटल की रौनक गायब हो गई। बारी साहब ने अब मेरे घर आना शुरू कर दिया था। मेरा शराब पीना उनको अच्छा नहीं लगता था। ख़ुश्क वाइज़ नहीं थे। इशारों ही इशारों में कई दफ़ा मुझे इस इल्लत से बाज़ रहने के लिए कहा, मगर मैं बाज़ न आया।

बारी साहब तीन महीने अमृतसर में रहे। इस दौरान में उन्होंने मुझसे विक्टर ह्यूगो की एक किताब 'सरगुज़श्ते-असीर' के नाम से तर्जुमा कराई। जब वह छपकर प्रेस से बाहर आई तो आप लाहौर में थे। मैंने तबाशुदा किताब देखी तो उकसाहट हुई कि और तर्जुमा करूँ। चुनांचे मैंने ऑस्कर वाइल्ड के इश्तिराकी ड्रामे 'वीरा' का तर्जुमा शुरू कर दिया। जब ख़त्म हुआ तो बारी साहब को इस्लाह के लिए दिया मगर मुसीबत यह थी कि वह मेरी तहरीरों में बहुत ही कम काँट-छाँट करते थे। ज़बान की कई ग़लतियाँ रह जाती थीं। जब कोई उनकी तरफ़ इशारा करता तो मुझे बहुत ही कोफ़्त होती। चुनांचे मैंने सोचा कि बारी साहब के बाद अख़्तर साहब को तर्जुमे का मुसव्वदा दिखाऊँगा।

अरब होटल में आने-जाने से मुज़ाफ़्फ़र हुसैन शमीम साहब से अच्छे-ख़ासे ताल्लुक़ात पैदा हो गए थे। मैंने उनसे इस्लाह की बात की तो वह मुझे उसी वक़्त अख़्तर शीरानी साहब के पास लाहौर ले गए। छोटा-सा ग़लीज़ कमरा था। आप चारपाई पर, तकिया सीने के साथ दबाए बैठे थे। अलैक-सलैक हुई। अख़्तर साहब मुझे पहचान गए—याराने-शीराज़ होटल के बारे में पूछा। जो कुछ मुझे मालूम था, मैंने उनको बता दिया।

शमीम साहब और अख़्तर साहब की गुफ़्तुगू बहुत पुरतसन्नो और पुरतकल्लुफ़ थी, हालाँकि मुझसे किसी शख़्स ने कहा था कि वे दोनों किसी ज़माने में यक जान व दो क़ालिब थे। बहरहाल शमीम साहब ने मेरे आने

का मुद्दा बयान किया। अख़्तर साहब ने कहा: ''मैं हाज़िर हूँ। आज रात ही सारा मुसव्वदा देख लूँगा।''

अख़्तर साहब ने सीने के साथ तकिया इसलिए दबाया हुआ था कि उनके जिगर में थोड़े-थोड़े वक़्फ़े के बाद टीस-सी उठती थी। उस ज़माने ही में उनका जिगर क़रीब-क़रीब माऊफ़ हो चुका था—मैंने उनसे रुख़्सत ली और शाम को हाज़िर होने का कहकर शमीम साहब के साथ वापस अरब होटल चला आया। उन्होंने मुझसे इशारतन कहा कि अगर तुम अख़्तर से अपना काम जल्दी कराना चाहते हो तो साथ 'वह चीज़' लेते जाना। मैं जब शाम को अख़्तर साहब के पास पहुँचा तो 'वह चीज़' मेरे पास मौजूद थी, जो मैंने बड़े सलीक़े से पेश की। बोतल डरते-डरते बाहर निकाली और उनसे कहा: ''क्या यहाँ इसकी इजाज़त है...माफ़ कीजिएगा, यह पूछना ही बड़ी बदतमीज़ी है।''

अख़्तर साहब की आँखें तमतमा उठीं। मेरा ख़याल है, वह सुबह से प्यासे थे। मुस्कराए और मेरे सर पर बड़ी शफ़क़त से हाथ फेरा: ''शराब पीना कोई बदतमीज़ी नहीं।'' यह कहकर बोतल मेरे हाथ से ली और तकिया फ़र्श पर रखकर उस पर बोतल का निचला हिस्सा ठोंकना शुरू किया ताकि कार्क बाहर निकल आए।

मैं उन दिनों पीता था मगर यूँ कहिए ज्यादा पी नहीं सकता था। चार पैग काफ़ी थे। मिक़्दार इससे अगर बढ़ जाती तो तबीयत ख़राब हो जाती और लुत्फ़ ग़ारत हो जाता।

इधर-उधर की बातें करते और पीते काफ़ी देर हो गई। अख़्तर साहब का खाना आया और जिस तरीक़े से आया, उससे मैंने यह जाना कि उनके घरवालों के ताल्लुक़ात उनसे कशीदा हैं। बाद में इसकी तस्दीक़ भी हो गई। उनके वालिद-मुकर्रम हाफ़िज़ महमूद शीरानी साहिब उनकी शराबनोशी के बाइस बहुत नालाँ थे। थक-हारकर उन्होंने अख़्तर साहब को उनके अपने हाल पर छोड़ दिया था।

राज ज़्यादा ग़ुजर गई तो मैंने अख़्तर साहब से दख़्वास्त की कि वह मुसव्वदा देखना शुरू कर दें। आपने यह दख़्वास्त क़ुबूल की और मुसव्वदे की इस्लाह शुरू कर दी। चंद सफ़्हात देखे तो ऑस्कर वाइल्ड की रंगीन ज़िंदगी की बातें शुरू कर दीं, जो ग़ालिबन उन्होंने किसी और से सुनी थीं। ऑस्कर

वाइल्ड और लार्ड अल्फ्रेड डगलस के मुआश्क़े का ज़िक्र आपने बड़े मज़े ले-लेकर बयान किया। वाइल्ड कैसे क़ैद हुआ, यह भी बताया। फिर उनका ज़ेहन एकदम लार्ड बायरन की तरफ़ चला गया। उस शायर की हर अदा उन्हें पसंद थी। उसके मुआश्क़े जो कि लातादाद थे, अख़्तर साहब की निगाहों में एक जुदागाना शान रखते थे। बाद में मुझे मालूम हुआ कि लार्ड बायरन के नाम से उन्होंने कई ग़ज़लें और नज़्में भी लिखी थीं।

लार्ड बायरन एक संग-दिल, बेरहम और बेपरवाह इन्सान था। इसके अलावा वह एक बहुत बड़ा नवाब था जिसके पास दौलत थी। अख़्तर साहब क़ल्लाश थे, बड़े रहमदिल और इन्सानियत दोस्त। बायरन को बढ़िया से बढ़िया शराब मयस्सर थी, अख़्तर को बमुश्किल ठर्रा मिलता था। बायरन के मुल्क की फ़ज़ा और थी, अख़्तर के मुल्क की फ़ज़ा और। वह किसी सूरत में भी लार्ड बायरन नहीं बन सकते थे, लेकिन फिर भी उन्होंने अपने दिल की तस्कीन के लिए दो माशूक़ इख़्तिराअ कर लिए थे: सलमा और अज़रा।

सलमा के मुतअल्लिक़ कई कहानियाँ मशहूर हैं। बाज़ कहते हैं कि सलमा हक़ीक़तन कोई सलमा थी। हो सकता है, ऐसा ही हो मगर जो सलमा हमें अख़्तर के कलाम में नज़र आती है, यक़सर तख़ैयुली है। उनका वुजूद इस क़द्र शफ़्फ़ाफ़ है कि साथ ईथरी मालूम होती है। एक और बात भी है। अगर सलमा कोई गोश्त-पोस्त की ज़िंदा औरत होती तो शायर उससे इतनी वालिहाना मुहब्बत कभी न करता, मगर चूँकि वह उसकी अपनी तख़्लीक़ थी, इसलिए वह उससे बेपनाह मुहब्बत करता था।

लार्ड बायरन की बातें सुनते-सुनते मुझे नींद आ गई और मैं वहीं सो गया। सुबह उठा तो देखा, अख़्तर साहब फ़र्श पर बैठे मुसव्वदा देखने में मस्रूफ़ हैं। बोतल में थोड़ी-सी बची हुई थी। यह आपने पी और आख़िरी सफ़्हात देखकर मुसव्वदा मेरे हवाले किया और कहा: ''तर्जुमा बहुत अच्छा है। कहीं-कहीं ज़बान की अग़लात थीं, वह मैंने दुरुस्त कर दी हैं।''

मैंने मुनासिबो-मौजूँ अल्फ़ाज में उनका शुक्रिया अदा किया और अमृतसर रवाना हो गया। इसके बाद मैं जब कभी लाहौर जाता, अख़्तर साहब के नियाज़ ज़रूर हासिल करता—एक बार गया तो देखा आपके सर पट्टियाँ बँधी हैं। उनसे दरयाफ़्त किया तो उन्होंने जवाब दिया: ''मुझे तो क़तअन याद

नहीं लेकिन लोग कहते हैं, कल रात मैंने ताँगे में सवार होने की कोशिश की, मगर गिर पड़ा और ये चोटें इस वजह से आईं।''

अख़्तर साहब की अपनी ज़ात के बारे में यह साफ़गोई मुझे बहुत पसंद आई। बाज़ औक़ात वह बिलकुल बच्चे बन जाते थे। उनकी गुप्तुगू और हरकात बिलकुल बच्चों की-सी होतीं—जहाँ तक मैं समझता हूँ, बच्चा बनकर वह बचकाना क़िस्म ही की मसर्रत महसूस करते थे।

कुछ अर्से के बाद मैं बंबई चला गया। अख़्तर साहब से इतने मरासिम नहीं थे कि ख़तो-किताबत होती, लेकिन जब उन्होंने रिसाला 'रोमान' जारी किया तो मैंने उन्हें मुबारकबाद का ख़त लिखा। अब मैं अफ़साना निगारी के मैदान में कदम रख चुका था। तर्जुमे का दौर वहीं लाहौर और अमृतसर में ख़त्म हो गया था। मैंने तबाज़ांद अफ़साने लिखने शुरू कर दिए थे जो मक़बूल हुए थे। 'रोमान' में अहमद नदीम क़ासमी का अफ़साना बहुत पसंद आया। बंबई के हफ़्तावार 'मुसव्विर' में 'रोमान' पर तब्सिरा करते हुए मैंने उसकी तारीफ़ की। अख़्तर साहब को अलहदा खत लिखा तो उसमें भी उस अफ़साने को बहुत सराहा। चंद दिनों के बाद अहमद नदीम क़ासमी का मुहब्बत भरा ख़त मौसूल हुआ जो एक तवील सिलसिला-ए-ख़तो-किताबत का पेशख़ेमा था।

कुछ अर्से के बाद 'रोमान' बंद हो गया और अख़्तर मेरी नज़रों से मुकम्मल तौर पर ओझल हो गए। कई बरस गुज़र गए। मुल्क की सियासियात ने कई रंग बदले। हत्ता कि बटवारा आन पहुँचा। इससे पहले जो हुल्लड़ मचा, उससे आप सब वाक़िफ़ हैं। इस दौरान में अख़बारों में ख़बर छपी कि अख़्तर साहब टोंक से पाकिस्तान आ रहे थे कि रास्ते में बलवाइयों ने उनको शहीद कर दिया। बहुत अफ़सोस हुआ। मैं, इस्मत और शाहिद लतीफ़ देर तक उनकी बातें करते और अफ़सोस करते रहे।

कई अख़बारों में उनकी मौत पर मज़ामीन शाए हुए। उनकी पुरानी नज़्में छपीं, लेकिन कुछ अर्से के बाद उनकी मौत की उस ख़बर की तरदीद हो गई। मालूम हुआ कि वह बख़ैरो-आफ़ियत लाहौर पहुँच गए हैं। इससे बंबई के अदबी हलक़ों को बहुत ख़ुशी हुई।

तक़सीम के पाँच महीने बाद मैं बंबई छोड़कर लाहौर चला आया क्योंकि सब अज़ीज़ो-अक़ारिब यहीं जमा थे। इफ़्रातो-तफ़रीत का आलम था। अख़्तर

साहब से मिलने का ख़याल तक दिमाग़ में न आया। बड़ी मुद्दत के बाद यौमे-इक़बाल के जलसे में उनको देखा, मगर निहायत ही अब्तर हालत में।

रात के जलसे की सदारत अख़्तर साहब को करनी थी। यूनिवर्सिटी हॉल में हाज़िरीन की तादाद ख़ासी थी। जलसे में शिरकत के लिए हिन्दुस्तान से अली सरदार ज़ाफ़री और कैफ़ी आज़मी आए हुए थे। वक़्त हो चुका था मगर साहिबे-सदर मौजूद नहीं थे। मैंने साहिर लुधियानवी से पूछा तो उसने मुझे बताया : ''अख़्तर शीरानी साहब हॉल के बाहर पी रहे हैं। उनकी हालत बहुत ग़ैर है। इसलिए हम कोशिश कर रहे हैं कि वह सदारत न करें। मगर मुसीबत यह है कि वह मुसिर हैं।''

मैं बाहर गया तो देखा, वह दीवार के साथ लगकर खड़े हैं और पी रहे हैं–ज़हीर क़ाश्मीरी के हाथ में बोतल है। आपने गिलास ख़त्म किया और ज़हीर से कहा: ''चलो इज्लास का वक़्त हो गया है।'' ज़हीर ने उनको रोका : ''जी नहीं। अभी कहाँ हुआ है।'' मगर अंदर हॉल से नज़्म पढ़ने की आवाज़ आ रही थी। आपने लड़खड़ाते हुए अल्फ़ाज़ के अपने मुँह में कई-कई टुकड़े करते हुए कहा : ''जलसा शुरू हो चुका है। मुझे आवाज़ आ रही है।'' यह कहकर उन्होंने ज़हीर को धक्का दिया। इस मौक़े पर मैं आगे बढ़ा। अख़्तर साहब ने थोड़ी देर के लिए मुझे बिलकुल न पहचाना। नशे से उनकी आँखें बंद हुई जा रही थीं। मैंने उनको झंझोड़ा और अपना नाम बताया। इस पर उन्होंने एक लम्बी 'आह' भरी और मुझे गले लगा लिया और सवालों की बौछार शुरू कर दी। अल्फ़ाज़ चूँकि उनके मुँह में तले-ऊपर होकर टूट-टूट जाते थे, इसलिए मैं कुछ न समझ सका। ज़हीर ने मेरे कान में कहा कि मैं उन्हें अंदर हॉल में न जाने दूँ, मगर यह मेरे बस की बात नहीं थी। मैंने और तो कुछ न किया, अख़्तर साहब से यह कहा : ''इतनी देर के बाद आपसे मुलाक़ात हुई है। क्या इसकी ख़ुशी में बोतल में से मुझे कुछ न मिलेगा।''

आपने ज़हीर काश्मीरी से कुछ कहा, जिसका ग़ालिबन यह मतलब था कि सआदत को एक गिलास बनाकर दो। ज़हीर गिलास में आतिशे-सैयाल उंडेलने लगा कि अख़्तर साहब तेज़ी से लड़खड़ाते हुए हॉल के अंदर दाख़िल हो गए और हमें इसकी उस वक़्त ख़बर हुई, जब उनको रोका नहीं जा सकता था। फिर भी मैं दौड़कर अंदर गया और चबूतरे पर चढ़ने से पहले उनको रोक

लिया, मगर वह मेरी गिरफ़्त से निकलकर कुर्सी-ए-सदारत पर जा बैठे। जलसे के मुंतज़िमीन बहुत परेशान हुए। क्या करें, क्या न करें। सब इसी मख़मसे में गिरफ़्तार थे। उनकी हालत बहुत बुरी थी। कुछ देर तो वह ख़ामोश बैठे कुर्सी पर झूलते रहे, लेकिन जब उन्होंने उठकर तक़रीर करना चाहा तो मामला बड़ा संगीन हो गया। माइक्रोफ़ोन के सामने आप बार-बार अपनी ढीली पतलून ठीक करते और साबित क़दम रहने की नाकाम कोशिश में बार-बार लड़खड़ाते थे। आपकी लुक्नत-ज़दा ज़बान से खुदा मालूम क्या निकल रहा था।

हाज़िरीन में से किसी शख़्स ने बुलंद आवाज़ में कहा : ''यह शराबी है। इसे बाहर निकालो।'' बस तूफ़ान बर्पा हो गया। एक ने पंजों पर खड़े होकर बड़े गुस्से में कहा : ''पाकिस्तान में क्या यही कुछ होगा।'' दूसरा चिल्लाया : ''और जलसों में ख़्वातीन भी मौजूद हैं।''

अख़्तर साहब बराबर बोलते रहे। एक तो वैसे ही उनकी कोई बात समझ में न आती थी, फिर शोर में तो वह शोर का एक हिस्सा बन गई थी। जब मामला बढ़ गया तो दोस्त अहबाब अख़्तर साहब को ज़बरदस्ती हॉल से बाहर ले गए। फ़ज़ा बहुत ख़राब हो गई थी लेकिन शोरिश काश्मीरी की बरवक़्त तक़रीर ने मदद की और हाल पुरसूकून हो गया।

इसके बाद अख़्तर साहब से आख़िरी मुलाक़ात मेयो हस्पताल में हुई।

मैं परवेज़ प्रोडक्शन्स लिमिटेड के लिए एक फ़िल्मी कहानी लिखने में मसरूफ़ था कि अहमद नदीम क़ासमी आए। आपने बताया : ''मैंने किसी से सुना है कि अख़्तर साहब दो-तीन रोज़ से ख़तरनाक तौर पर अलील हैं और मेयो हस्पताल में पड़े हैं, बड़ी कसमपुर्सी की हालत में। क्या हम उनकी कोई मदद कर सकते हैं ?''

हम सबने आपस में मश्वरा किया। मसूद परवेज़ ने एक राह निकाली, जो यह थी कि उनकी दो-तीन ग़ज़लें या नज़्में फ़िल्म के लिए ले ली जाएँ और परवेज़ प्रोडक्शंस की तरफ़ से पाँच सौ रुपए बतौर मुआवज़े के उनको दे दिए जाएँ। बात माक़ूल थी। चुनांचे हम उसी वक़्त मोटर में बैठकर मेया हस्पताल पहुँचे।

मरीज़ों से मिलने के लिए हस्पताल में ख़ास औक़ात मुक़र्रर हैं, इसलिए हमें वार्ड में जाने की इजाज़त न मिली। ड्यूटी पर उस वक़्त जो डॉक्टर थे, हम उनसे मिले। जब आपको मालूम हुआ कि हम अख़्तर शीरानी से मिलना

चाहते हैं, तो आपने बड़े अफ़सोसनाक लहज़े में कहा : ''उनसे मुलाक़ात करने का कोई फ़ायदा नहीं।''

मैंने पूछा : ''क्यों?''

डॉक्टर साहब ने उदास लहज़े में जवाब दिया : ''वह बेहोश हैं। जब से यहाँ आए हैं, उन पर ग़शी तारी है, यानी अल्कोहलिक कोमा।''

यह सुनकर हमें अख़्तर साहब को देखने का और ज्यादा इश्तियाक़ पैदा हुआ। हमने इसका इज़हार कर दिया। डॉक्टर साहब उठे और हमें वहाँ ले गए, जहाँ हमारा रूमानी शायर, सलमा और अज़रा का ख़ालिक बेहोश पड़ा था। बेड के इर्द-गिर्द कपड़ा तना था। हमने देखा, अख़्तर साहब आँखें बंद किए पड़े हैं। लम्बे-लम्बे नाहमवार साँस ले रहे हैं। होंठ आवाज़ के साथ ख़ुलते और बंद होते थे—हम तीनों उनको इस हालत में देखकर पसमुर्दा हो गए।

मैंने डॉक्टर साहब से कहा : ''क्या हम इनकी कोई मदद कर सकते हैं?'' डॉक्टर साहब ने जवाब दिया : ''हम इम्कान भर कोशिश कर चुके हैं और इम्कान भर कोशिश कर रहे हैं। मरीज़ की हालत बहुत नाज़ुक है। गुर्दे और जिगर बिलकुल काम नहीं कर रहे। अंतड़ियाँ भी जवाब दे चुकी हैं। एक सिर्फ़ दिल अच्छी हालत में है। घुप अँधेरे में उम्मीद की बस यही एक छोटी-सी किरण है।''

जब हमने ख़्वाहिश ज़ाहिर की कि हम अख़्तर साहब के इस वक़्त में किसी-न-किसी तरह काम आना चाहते हैं तो डॉक्टर साहब ने कहा : ''अच्छा तो मैं आपको एक दवा का नाम बताता हूँ। आप इसे हासिल करने की कोशिश कीजिए। यहाँ पाकिस्तान में तो बिलकुल नायाब है। मुमकिन है, हिन्दुस्तान में मिल जाए।''

डॉक्टर साहब से दवा का नाम लिखवाकर मैं फ़ैज़ साहब के पास पहुँचा और उनको सारी बात बताई। आपने उसी वक़्त अमृतसर टेलीफ़ोन कराया और अपने अख़बार के एजेंट से कहा कि वह दवा हासिल करके फ़ौरन लाहौर भिजवा दे। लेकिन अफ़सोस, दवा न मिली। मसूद परवेज़ ने दिल्ली फ़ोन किया। वहाँ से अभी जवाब नहीं आया था कि अख़्तर साहब बेहोशी के आलम में अपनी सलमा और अज़रा को प्यारे हो गए।

❑❑❑